[日]小西美沙绪——著　董真真——译
Misao Konishi

亚马逊
如何公关

アマゾンで学んだ！伝え方はストーリーが9割
amazon

北京时代华文书局

图书在版编目（CIP）数据

亚马逊如何公关 /（日）小西美沙绪著；董真真译 . — 北京：北京时代华文书局，2022.5
ISBN 978-7-5699-4570-6

Ⅰ .①亚… Ⅱ .①小…②董… Ⅲ .①电子商务—商业企业管理—公共关系学—研究—美国 Ⅳ .① F737.124.6

中国版本图书馆 CIP 数据核字 (2022) 第 047180 号

北京市版权局著作权合同登记号 图字：01-2019-8036

Amazon de Mananda!Tsutaekata wa Story ga 9wari
by Misao Konishi
Copyright © 2019 Misao Konishi
Original Japanese edition published by Takarajimasha, Inc.
Simplified Chinese translation rights arranged with Takarajimasha, Inc.
Through Hanhe International（HK） Co., Ltd.China
Simplified Chinese translation rights © 2022 by Beijing Time-Chinese Publishing House Co., Ltd.

亚马逊如何公关
YAMAXUN RUHE GONGGUAN

著　者｜[日] 小西美沙绪
译　者｜董真真
出 版 人｜陈　涛
策划编辑｜周　磊
责任编辑｜周　磊
执行编辑｜张正萌
责任校对｜张彦翔
装帧设计｜程　慧　迟　稳
责任印制｜刘　银　訾　敬

出版发行｜北京时代华文书局 http://www.bjsdsj.com.cn
　　　　　北京市东城区安定门外大街 138 号皇城国际大厦 A 座 8 楼
　　　　　邮编：100011　电话：010 - 64267955　64267677
印　　刷｜河北京平诚乾印刷有限公司　010-60247905
　　　　　（如发现印装质量问题，请与印刷厂联系调换）

开　本｜880mm×1230mm 1/32	印　张｜7.5　字　数｜153 千字
版　次｜2022 年 5 月第 1 版	印　次｜2022 年 5 月第 1 次印刷

书　号｜ISBN 978-7-5699-4570-6
定　价｜42.00 元

版权所有，侵权必究

Take Pride In Your Choices, Not Your Gifts.

真正令人引以为傲的不是天赋，

而是选择。

——杰夫·贝佐斯

序　言

正是因为不断传承讲述故事的传统，才创造了亚马逊今天的辉煌

亚马逊的股东们每年都会收到来自创始人杰夫·贝佐斯的公开信，内容涉及股东们关心的方方面面。

其中，最为著名的当数"1997年的致股东公开信"。这是因为每位股东每年收到的邮件中，一般都会有两封信，其中一封是当年的致股东公开信，另一封就是"1997年的致股东公开信"。

亚马逊是1994年7月在美国西雅图成立的。在"1997年的致股东公开信"中，杰夫·贝佐斯总结了亚马逊成立两年半时间内的经营状况和今后的发展规划。在之后的1998年、1999年……直到现在，每年的致股东公开信中，都会一同邮寄1997年的公开信，这已经成为一个不成文的惯例。

为什么要这样做呢？究其原因，这主要是为了向股东们传递一个理念，那就是"无论是1997年，还是现在，亚马逊所

思、所想、所说、所做以及所奋斗的目标，始终未曾改变"。

即使已经过了20年，亚马逊向股东们传递的理念始终未改变

"1997年的致股东公开信"原文有5页A4纸的篇幅。下面是从这封公开信中节选的经典语录，在此与广大读者朋友共同分享。

"创业的第一天（Day 1[①]）只不过是个开始而已。"

"专注于为顾客提供个性化服务，加快发现顾客所需商品的速度。"

"对我们公司而言，衡量成功的基本标准将是长期持续不断地为股东创造价值。"

"无论发生什么情况，我们都将坚持以顾客为中心的基本原则。"

"我们将从争夺长期市场领导力的视角出发，谨慎做出投资决策。"

"今后我们仍将从失败和成功两个方面出发，虚心汲取经验

---

① Day 1来自杰夫·贝佐斯的理念，意即不管公司发展到什么程度，不管取得了多少成就，仍然要把每天当成是创业的第一天，用心做好当下。亚马逊在西雅图的办公大楼也叫Day 1。

教训。"

"我们需要每位员工都能充分发挥主人翁意识,站在企业主人的立场上思考问题,并真正作为企业主人去积极解决问题。"

"我们一直专注于改善购物体验,汇集了数量惊人的商品……提供全年365天24小时无休的便利服务,确保消费者可以简单、轻松、快捷地从自己关注的领域搜索到满意的商品。"

"在招聘过程中设置高门槛是亚马逊取得成功最重要的因素,也是今后必须坚持的宝贵经验。"

下面,我将从"2017年的致股东公开信"中节选一些精彩语录,以便对照研究。

"在过去的20年间,我不断在提醒大家,对我们而言,每天都是创业的第一天(Day 1)。"

"我之所以认为应该将永葆创业第一天时的活力作为最为重要的企业文化,是因为我始终将顾客摆在至高无上的地位。"

"为了坚守创业第一天的初心,必须经过艰苦卓绝的历练,不断接受失败的考验,积极播种希望的种子,并悉心培育娇嫩的幼苗。"

"优秀的发明家和设计师往往都具备一种直觉,可以帮助他们深入了解客户。然而,为了培养这种直觉,需要耗费巨大的精力。"

在公开信的后半部分,当然也涉及2017年备受关注的热点问题——人工智能技术的应用,如无人机配送、无人便利店Amazon Go①、基于云计算的人工智能语音助手Alexa等。

但是,无论是1997年,还是2017年,"每天都是创业的第一天""以顾客为中心""从长远出发思考决策"以及"提高招聘门槛,致力于员工培训"等观点几乎没有发生任何改变,已经固化为亚马逊最为重视的核心理念。

虽然亚马逊已经走过了20多年的历程,企业规模取得了飞跃式发展,但是他们最为看重的核心价值观一直保持着创业之初的理念,始终没有发生改变。股东们可以从中体会到亚马逊的发展历程和故事。

发展到今天,亚马逊与谷歌(Google)、苹果(Apple)、脸书(Facebook)并驾齐驱,被誉为美国科技界四大巨头,简称为"GAFA",备受全世界的瞩目。但是,亚马逊的股东大会非常简约朴实,并没有什么奢华的表演,只邀请数十人参加。可以毫不夸张地说,亚马逊向股东提供的只有公开信而已。

---

① Amazon Go是亚马逊推出的无人便利店,Amazon Go颠覆了传统便利店、超市的运营模式,使用计算机视觉、深度学习以及传感器融合等技术,彻底跳过传统收银结账的过程。2018年1月22日,Amazon Go向公众开放,这也是亚马逊首个无人零售店。

但是，股东们真正需要的恰恰就是这封公开信，因为他们最想了解的就是"股票，即企业价值"的发展情况。只要能确认亚马逊在不断更新自己的"故事"，他们就感到心满意足了。

杰夫·贝佐斯是如何看待传承故事的

那么，讲述故事（story）究竟是指什么呢？

从英语翻译过来，story这个单词有"故事""脚本""传说""情节"等意思。我认为它指的是"讲述人与听众之间容易产生共鸣的内容"。故事主要具有下述特征：

· 脑海中会浮现某种情景；

· 讲述人想传递的内容是简洁明了的；

· 可以窥见事物的发展趋势和方向性；

· 听众可以明确接下来应该怎么做。

在本书中，想表达的并不是"故事"这个词的严密定义，而是希望将"讲述人与听众之间容易产生共鸣的内容"固化为一种商务工具，帮助人们有效运用，充分发挥其理想效果。

正如本书中详细介绍的那样，杰夫·贝佐斯是世界上首屈一指的故事讲述者。

记得有一次，杰夫·贝佐斯曾经饱含深情地向公司员工讲述了创业之初的艰难岁月。

他是这样说的:"我们是在西雅图的一间车库中正式创业的,最开始时甚至没有一张像样的桌子。于是,我就和伙伴们一起将资料铺在地板上,趴在上面办公。但是,长时间这样工作身体会受不了,因此我们有时还会在地上铺块垫子(笑)。"

讲着讲着,杰夫·贝佐斯的脑海中仿佛又回想起当年在膝盖下垫着一块类似滑板运动员护具的垫子,与同伴们一起充满干劲地奋斗创业的情景。而对听讲的我们而言,也仿佛身临其境,真切地感受到了白手起家、从零开始、艰难创业的紧张氛围。

杰夫·贝佐斯非常善于规划,经常思考事物的本质,并从长期愿景出发谋划业务发展。用简单通俗的语言来表述,那就是"始终试图摆脱短期因素的影响,避免阻碍长期愿景的实现"。

所谓各种短期因素,主要包括经济环境的变化、竞争对手企业的动向等。他总是坚持"我们的目标是星辰大海,要站得更高,望得更远"。为了更好地向对方传递这一理念,最有效的方式就是"用故事的形式讲述"。

此外,我还有一点想与大家分享,与"通过讲故事的形式强势灌输"相比,杰夫·贝佐斯更重视"通过讲故事激发对方的共鸣"。

在沟通交流过程中，公司的管理层、宣传、产品开发等不同岗位的人员，经常会对我说"希望通过讲故事的方式表达自己的想法"。这里暗含着一种思维惯性，那就是"我想表达的内容实在太多了，如果能转化为故事，就可以将这些想法完整地传递给对方"。

但是，这实际上是一个思维误区。传递信息的一方是完全站在自己的角度上思考问题的，根本没有考虑对方的感受。

在现实生活中，我们需要从对方的立场出发，思考如何讲好故事。

实际上，杰夫·贝佐斯在讲述同一故事时，往往会根据听众的不同，灵活选择自己使用的语言。在接受采访的过程中，他也会保持积极沟通，确认对方是否清楚地理解了自己的想法。也就是说，他总是"站在对方的立场上"构思故事。

从创业初期开始就强调充分发挥主人翁意识

我曾经在杰夫·贝佐斯率领的亚马逊工作过13年，主要从事宣传工作，最终担任公关部部长。在这13年间，我亲身见证了亚马逊理念发展变化的全过程。这段经历对我而言弥足珍贵。时至今日，经过历练积淀下来的经验仍然发挥着重要的作用，帮助我向各种企业提供咨询服务，解决他们面临的"信息传递方面的问题和烦恼",让我可以向他们提出有效的意见和建议。

亚马逊日本分公司成立于2000年,同年11月正式上线日文版网站Amazon.co.jp。

我作为公关部员工进入公司是亚马逊日本分公司成立的第四年(2003年)。当时,亚马逊还被称为"网上书店",在世人眼中,Amazon.co.jp经营的业务范围仅限于图书,甚至还被嘲笑为"入侵的野蛮人"。在这个阶段,亚马逊留给人们的印象并不深,大部分人"根本没听说过亚马逊",剩下的人"虽然听说过亚马逊,却也没有什么好的印象"。当时亚马逊在日本国内的经营规模也还很小,与那些初创企业之间没有本质区别。

亚马逊从创业之初开始,就强调所有的员工都必须充分发挥"主人翁意识(自己是企业的主人)"。亚马逊不是杰夫·贝佐斯自上而下垂直管理的家长式企业。自从入职的那天开始,每位员工都必须面对许多需要独立思考、自主完成的任务。

正因为有这样的经历沉淀,我才产生了就"表达"这一主题阐述自己看法的想法,并下定决心完成本书的创作。

帮助饱受无法表达个人感受之苦的商务人士摆脱困境

本书主要面向下述读者群体：

（1）担负传递企业理念的职责，却为无法胜任工作而烦恼的人。

这是指那些因为无法准确对外宣传企业理念、产品服务特色等企业信息而感到困扰的企业管理者、宣传负责人、产品开发负责人等。

因此，我将通过第二章至第四章的内容，尽量具体地向大家介绍在亚马逊学到的故事讲述方法，具体包括在讲述故事的时候应该注意哪些关键事项，又需要制定怎样的制度和规定。

（2）在展示、谈判以及汇报等方面表达方式有问题的人。

在展示、谈判以及汇报等日常业务中，大家经常会遇到"向某人讲述某事"的情况。从广义来看，"表述"这一行为在日常生活中占据的比重非常大，比如，"在碰头交流前后与客户闲聊""边吃饭，边与部下沟通交流"等。

因此，在第五章中，我将面向所有的商务人士介绍一套简单实用的技巧，帮助大家尽快将相关经验运用到日常工作中，确保迅速见效，立竿见影。此外，第一章中介绍的杰夫·贝佐斯的故事讲述方式，具有形式简单、易于模仿的特点，无论是谁都可以充分借鉴吸收，极具推广应用价值。

亚马逊如何公关
amazon

重新发现自己的优点，朝着"超越亚马逊"的目标努力

通过本书，我希望与广大读者朋友分享两点体会。

一是"在现有条件的基础上，完全可以实现'超越亚马逊'的目标"。

亚马逊成立于1994年，正式登陆日本是在2000年，与当时相比，现在整个社会的网络化和信息化水平已经发生了翻天覆地的变化。其中，最具代表性的就是社交网络服务（SNS）平台的发展，比如脸书（Facebook）、照片墙（Instagram）、推特（Twitter）以及连我（LINE）等。

在亚马逊正式登陆日本的2000年，根本就没有什么真正意义上的SNS平台。但是，就是在那个社交平台匮乏的年代，亚马逊积极创新、上下同心、严抓落实的企业故事，还是通过口口相传，逐渐传播了出去。由此可见，在当今网络化、信息化高度发达的环境下，如果能够充分发挥SNS平台的作用，认真思考怎样才能更好地宣传自己企业的故事，并积极采取措施抓好效益转化，必然可以超越当时的亚马逊，实现更高效、更准确、更广泛的宣传效果。也就是说，现在的企业想在企业故事的宣传方面超越亚马逊，绝非一件不可能完成的高难任务。

二是"无论是谁都有自己独一无二的优点"。

从亚马逊辞职后，我曾经进驻许多企业帮助他们提升宣

传能力。但是，在具体开展工作时，无论是在业务规模有限的小型企业、初创企业，还是在久负盛名的大型企业中，我经常会听到同一种抱怨的声音，那就是"我们企业根本没有什么值得向人夸耀的优点"。

实际上，这是一种错误的认知，现实中根本就不是这么回事。每家企业都有自己独一无二的优点。那些误认为自己"一无是处"的企业，绝大多数只是因为没有对自身的优点进行认真深入的盘点分析而已。

本书的主线是"如何进行宣传"。这样一来，必然会涉及"究竟要宣传什么"的问题。如果各位读者朋友在阅读过程中能够发现"自身的优点"，对我而言，就是最大的鼓励和肯定，我将为此感到无比荣耀！

目 录

第一章 从杰夫·贝佐斯身上学到的故事创作和宣传方法

亚马逊是彻底奉行"顾客至上"理念的企业 / 3

杰夫·贝佐斯是百年一遇的卓越的故事讲述者 / 11

植根于企业灵魂的重视故事创作的制度 / 23

第二章 构建信任关系,增加粉丝数量——"宣传"工作的原则

公关宣传与广告宣传之间的区别 / 37

亚马逊公关部是由少数精英组成的精干团队 / 45

亚马逊公关部需要遵守的基本信条 / 48

经过亚马逊实战检验的高效公关思维和制度 / 52

不仅要发挥对外联络功能,还要重视对内协调职能 / 59

亚马逊要求员工必须贯彻落实的交流原则 / 64

必须考虑"如何保护企业内部业务" / 69

第三章 在亚马逊工作 13 年积累的宝贵经验
对外宣传公司优点的方法

在亚马逊每个发展阶段感悟到的公关内容 / 75

亚马逊的压箱法宝在于"不对外开放"的仓库 / 80

"灰姑娘"登上舞台！架起顾客与亚马逊之间的沟通桥梁 / 95

开始销售Kindle，诚邀各路卖家共同发展 / 106

第四章 有助于提升公关质量的信息的故事化
——用故事的形式来传递信息

"通过故事传递信息"取得成功的三大诀窍 / 123

在与媒体正式接触之前，应提前了解的三大原则 / 128

向媒体传出"温柔的一球" / 133

媒体必然会提的"四大灵魂拷问" / 140

提前做好应对"四大灵魂拷问"的准备，可以提升公关活动的质量 / 145

越是规模小的企业，越容易找到适合自己的公关策略 / 156

与各种类型的利益相关人接触时应注意的沟通方法 / 163

第五章 快速提升工作效率 即学即用的自我公关法

只要用心，人人都能发掘自身的优点与强项 / 175

要想找到自身的优点，最有效的途径就是多向他人咨询 / 180

可以从现在做起，创造符合自身特点的优点 / 183

绝不能将自己想表达的核心内容直接甩给他人处理 / 188

想取得成功，必须长期坚持演讲练习 / 191

针对不同情况，需要注意的表达方式的关键点 / 194

后 记 / 199

参考资料

参考资料1 亚马逊的经营范围 / 203

参考资料2 亚马逊的商业模式 / 205

参考资料3 亚马逊的组织机构图 / 207

参考资料4 亚马逊领导力准则（OLP） / 209

参考资料5 亚马逊日本分公司发展大事记（发展年表） / 214

第一章

从杰夫·贝佐斯身上学到的
故事创作和宣传方法

亚马逊是彻底奉行"顾客至上"理念的企业

在深入阐述"宣传"这一主题之前,我想先与大家分享一下亚马逊的企业哲学和公司制度。之所以这样,是因为我认为如果预先了解了"亚马逊是怎样一家企业"就更容易理解"杰夫·贝佐斯和亚马逊为什么会选择那样的宣传方法"。

在当前的图书市场上,已经有许多介绍亚马逊企业哲学和运营制度的书籍了,我想广大读者对这些内容并不陌生。因此,在本书中我将尽量控制篇幅,聚焦8个项目进行介绍。

1.顾客至上

亚马逊一直奉行顾客至上主义。在亚马逊内部,"Customers Rule!"(一切由顾客决定!)的标语深入人心。这个标语充分体现了顾客至上的理念,因此备受杰夫·贝佐斯推崇,经常被他引用。可以说,在他的心目中,顾客就像是夜空中的北极星,点亮了公司前进的方向。

2.不仅经营电商零售业务,还涉猎其他两大业务领域

亚马逊的经营范围大体可以分为三大领域,分别是零售

（Retail）、数字通信以及云服务。

首先，介绍第一项业务——零售。在日本，亚马逊主要依托Amazon.co.jp的平台开展业务。与日本相同，亚马逊还以总公司所在地美国（Amazon.com）为中心，在英国、法国、德国、巴西、墨西哥等16个国家同步开展业务（截至2019年6月的数据）。Amazon.co.jp网站正式上线于2000年，最开始只是销售书籍，因此，又被称为"网上书店"。但是，随着公司业务不断发展，Amazon.co.jp经营的产品范畴也逐渐扩展，现在已经发展成为名副其实的万货商店（Everything Store）。

此外，亚马逊还有一个突出的特点，那就是亚马逊以外的卖家，可以通过Amazon.co.jp网站上的市场（Marketplace）板块进行销售。

不仅如此，亚马逊还提供单独的物流服务，商家可以不在Amazon.co.jp网站上销售商品，而只是使用亚马逊的物流网络配送货物。这就是亚马逊物流服务（Fulfillment by Amazon），简称为FBA。在这一服务体系下，当各个公司通过自己的网站主页接收订单后，会通知亚马逊"向某个地址配送多少货物"。然后，由亚马逊从仓库出货向客户指定的地址快递商品。可以说，亚马逊为其他公司提供仓储保管、订单处理、快递配送等全流程物流服务，其他公司只需要向亚马逊支付物流费用即可。

其次，介绍第二项业务——数字通信。2012年，亚马逊日本分公司在Amazon.co.jp网站中开设了电子书服务"Kindle[①]商店"。也正是从这时开始，亚马逊拥有了自己的电子书阅读器——金读（Kindle），从而正式跻身电子书阅读器制造商行列。为了适应这一变化，亚马逊需要研究制定与既有零售业务完全不同的经营策略。

最后，介绍第三项业务——云服务。在亚马逊旗下，有一家名为AWS（Amazon Web Service，亚马逊网络服务公司）的分公司。如果用一句话来总结这家公司的业务，就是网络资源租赁。为了帮助遍布世界各地的零售商网站正常运行和不断发展，亚马逊需要一个巨型服务器，以便在最忙的时间节点（比如圣诞节等）也能保持网站顺畅运行，不会出现断网问题。另一方面，在平时业务量不那么大的情况下，服务器就会出现一定的空闲资源。为了充分利用这些空闲资源，亚马逊启动了云服务业务。在云服务领域，亚马逊市场占有率处于世界领先地位，客户中有很多世界级的企业。美国的中央情报局（CIA）和联邦调查局（FBI）也都是亚马逊的忠实客户，足见其安全性是非常高的。

---

① Kindle是由亚马逊设计和销售的电子阅读器。用户可以通过无线网络使用亚马逊Kindle购买、下载和阅读电子书、报纸、杂志、博客及其他电子媒体。Kindle一词的意思是点亮火焰。

由于亚马逊的经营方针就是逐渐向客户返利，因此亚马逊的电商零售和数字通信业务的利润是非常低的。但是，云服务的利润率完全不同，甚至可以说已经达到了非常高的程度，堪称亚马逊盈利的"龙头"业务。

　　由于三大支柱业务之一的云服务是由AWS经营的。因此，亚马逊公关部只负责电商零售和数字通信业务的宣传工作。

3. 拥有被称为良性循环（Virtuous Cycle）的经营模式

　　亚马逊按照自己独创的经营模式开展业务，这种模式被称为良性循环，又被称为飞轮效应（Amazon Flywheel）。有一次，杰夫·贝佐斯与投资人在餐厅共进午餐，对方向他请教亚马逊的商业模式，对此，贝佐斯直接在膝盖垫着的餐巾上写出了"良性循环"。

　　当亚马逊商品种类丰富时，亚马逊的顾客就能找到自己想要的商品，顾客的满意度就会提升，并通过口口相传的方式向其他人传播自己的购物体验。于是，在亚马逊购物的顾客人数就会进一步增加。这样一来，亚马逊的卖家数量也会随之增加，卖家之间就会产生竞争，从而想方设法降低成本，带动商品降价。如果从上述各方面入手，通过强力的方式积极推动发展，就可以实现良性循环。

　　亚马逊的员工都是基于这一方针开展工作的，他们无时无刻不在思考"如何巩固并加速推动"这一良性循环从而不断发展壮大。

4.通过任务不断提升顾客满意度和丰富商品种类

在亚马逊,有Global Mission(全球任务)这样一种理念。简单来说,就是亚马逊的根本出发点是"我们为什么而奋斗"。

"Global Mission"强调的是良性循环中的两个关键词:顾客满意度(Customer Experience)和丰富货源类型(Selection)。对此,亚马逊的解释是"打造地球上最重视顾客的企业""汇聚地球上最丰富的商品类型"。从我个人的角度来看,不用"世界上最"而选用"地球上最"的表达方式,恰恰最能体现亚马逊的特色和风格。

作为亚马逊的员工,我们普遍认为:"重视顾客"是目的,"丰富商品种类"则是实现这一目的的最佳方法之一。

顺便提一下,"丰富商品种类"并不只是简单地"收集大量商品",还包括许多内涵,比如结算方法的多样化(货到付款、信用卡支付、24小时便利店支付等)、取货方法的多样化(配送到家、24小时便利店提货等)、取货时间的多样化(当日达、次日达、指定日期)。从某种意义来看,"丰富商品种类"给人的印象更接近于"增加顾客的选择"。

在工作一线,我们经常会使用"商品种类""价格""便利性"等词语。对顾客而言，往往更关心这三个方面满意度的问题。这些需要我们给予重点关注。

5.为构建值得终身信任的关系而努力奋斗

亚马逊拥有上述经营模式和任务使命，因此亚马逊提出了"满足顾客需求永远没有止境"的理念，并在这一宗旨的指导下开展具体业务。也就是说，亚马逊的员工已经做好了为顾客需求奋斗一生的精神准备。

但是，为了避免破坏长久以来与顾客之间构建的信任关系，当判断需要进行环境改革时，亚马逊就秉承着不破不立的原则，进行了大胆并且坚决的行动。推进仓储的机器人化就是其中一个典型实例。这是亚马逊未雨绸缪，率先规划的为了避免未来出现人手不足影响出货，导致顾客满意度下降的问题而采取的措施。但是，从短期来看，这将减少雇用员工的人数，造成大批员工失业，因此会给人造成误解，觉得"亚马逊过于冷酷"。

6.坚持目标量化，全体员工都能正确理解和把握自己的目标

亚马逊坚持奉行通过数字量化目标的原则。在亚马逊内部将其称为指标（Metrics），与关键绩效指标（Key Performance Indicator，KPI）相似。在具体执行时，指标主

要依据年度目标的整体数值，从中拆分出每个个体的目标数值。无论在哪个部门，员工都能准确把握"自己这周应该实现的数字目标"，并且可以迅速明确哪些目标已经实现了，哪些目标还未实现。

亚马逊是一家在内部工作中非常重视数字的企业，但是，在接受媒体采访时几乎从来都不提数字（销售额、利润、市场占有率等）。在第二章中，我将对此进行详细说明，这是因为亚马逊认为"这些数字与提升顾客满意度之间不存在任何联系"。

7.扁平精简的组织结构

亚马逊已经发展到今天的规模，在世界经济领域具有极大的影响力，但仍然保持着扁平的组织结构，没有多少阶层的概念。公司设有四级管理体制，即CEO—高级副总裁（Senior Vice President）—副总裁（Vice President，各国分公司的总裁均属于这一层级）—主管（Director）。我在亚马逊的最终职务是主管。因此，我与杰夫·贝佐斯之间只有两个级别的差距。

这种扁平化的组织结构具有明显的优势，有利于在公司内达成一致意见，真正实现上下同心。此外，这种组织架构赋予每个个体的处置权也相对较大，也就是说，"我们的宗旨是必须实现目标，但是关于实现目标的方法，则全权交给员工自由发挥"，这逐渐发展成为亚马逊特有的风格。

8.不存在竞争的概念

由于亚马逊的员工都有"我们是先驱者"的自豪感，并且普遍认同"提供服务的最终目的是提高顾客满意度"的理念，因此根本不存在竞争的概念。亚马逊的员工之所以锐意进取、积极创新，主要是为了预先发现"顾客尚未意识到的需求"，而不是盲目地迎合"社会潮流"，或者受到"其他公司提供的新服务"的影响。

这种工作状态是独树一帜的，也是非常理想的。但是，对公关部而言，想以新闻的形式对外展现这种风貌，就多少有些困难了。这是因为从亚马逊的理念出发，在面对媒体经常提出的 "为什么亚马逊要选择这个时机开始提供服务？""与竞争对手相比，亚马逊究竟有哪些优势？"等问题时，公关部难以正面给出答案。

杰夫·贝佐斯是百年一遇的卓越的故事讲述者

前文简要地总结了亚马逊的企业文化和精神特质，想必大家对其都有了一定程度的了解。

作为亚马逊的创始人，杰夫·贝佐斯非常擅长通过讲述故事的形式，对外宣传亚马逊的特质。每当听到杰夫·贝佐斯的采访或读到杰夫·贝佐斯的文章时，我都会深感佩服，不禁感叹"真是太精彩了"。总结起来，他的表达方式具有8个特征。

这些特征全部建立在"我的规则"的基础上，其出发点是"如何才能与顾客构建长期的互信关系"。亚马逊以杰夫·贝佐斯的"我的规则"为基础，构建了交流规则和制度，公关部等各部门员工均严格遵守这些规定，开展沟通交流。

特征 1　对"某一场面"进行具象化描述

杰夫·贝佐斯非常擅长撷取某一场景进行讲述。对听众或读者而言，这容易产生极强的代入感，觉得自己仿佛身临其境。

比如，2012年他在访日期间接受《连线①》杂志的专访时，做了如下的回答。当时，我恰好负责采访的协调工作，因此能够近距离接触访问现场。在这一访谈过程中，我可以强烈地感受到杰夫·贝佐斯创业时的决心和勇气。下面，我将引用部分报道内容。

1994年，我下定决心准备开一家网上二手书店。为此，我特意向当时工作的金融公司的上司咨询意见。他对我说"咱们边散步边聊吧"，于是我们就去附近的公园边走边谈。他在听了我的想法之后，说了下面这段话："我觉得这个想法非常有创意。但是，你现在已经拥有了一份体面的工作和一个不错的职位，我真不知道你是否值得冒险去尝试挑战。要不你再考虑两天看看？"于是，我又和我的妻子商量了一下，当时，我是这么想的：当80岁时回首整个人生，即使由于创业遭遇了挫折失败，我也不会感到后悔，因为自己毕竟用心去挑战过。但是，如果安于现状，墨守成规，不做任何改变，始终在现在的公司蹉跎一生，到老时，我必然会后悔不已。也就是说，人的一生中最后悔的事并不来源于"被分派的工作"（Commission），而是源自"应该做而没有去做的事情"（Omission）。由于恐惧、不安而无所作为，虚度年华，

---

① 《连线（Wired）》是美国一份科技类杂志，创刊于1993年，着重于报道科学技术应用于现代和未来人类生活的各个方面，以及对文化、经济和政治的影响。

必然会让我悔恨终身。

（摘自2012年5月24日的《连线》杂志）

如上所述，杰夫·贝佐斯用具象化的方式描述了做出人生重大抉择时的场景，并在此基础上，进一步表达了自己的感受。因此，听众和读者都会将杰夫·贝佐斯讲述的内容当成故事，耐心并细致地倾听。

特征2　频繁举例或打比方

杰夫·贝佐斯经常会使用打比方的方式说明问题。为了告诫妥协达成共识的行为，他举例说："在确定天花板高度时，有人认为3米好，有人认为2.5米好，那就应该选择中间的2.75米吗？"为了说明亚马逊的优享包月服务，他说："像自助餐一样，缴纳了有限的餐费就可以无限量地畅饮畅食，顾客会为此感到高兴。"这种表达方式非常有效，往往更容易说服对方，令对方感到"确实如此！真是这样"。

在亚马逊2015年的致股东公开信中，以"实验与发明（Experimentation & Invention）"为主题，通过下述内容阐述了实验的重要性。

发明创造离不开实验，在每次实验之前，人们是不知道最终成败的，如果可以预知结果，就算不上真正的实验。许多大企业都高举鼓励发明创造的大旗，却不想承受创新征途上连续不断失败的打击。如果只有10%的成功概率，但带来的回报是100倍，那么人们每次都应该果断下注。但是，在这种情况下，每尝试10次，你仍要承受9次失败。众所周知，在棒球比赛中，当你朝着本垒打[①]的目标挥棒时，却很可能会被三振出局[②]，但是，你偶尔也会打出本垒打。棒球与商业的不同之处在于，不论你怎么击打，每次挥棒的最高得分只有4分。而在商业经营中，你一旦打出一个本垒打，得分有可能就是1000分。这种利润的长尾分布[③]决定了你应该大胆尝试。因此，大赢家总是做过许许多多次尝试，最终才取得成功的。

特征3　聚焦想表述的要点

在多国籍、多人种、多价值观人群聚集的亚马逊，存在着沟通交流的规则（在第二章中将进行详细介绍）。其中一条

[①] 本垒打，即全垒打，是指击球员将对方来球击出后（通常击出外野护栏），击球员依次跑过一、二、三垒并安全回到本垒的进攻方法，是棒球比赛的高潮。
[②] 棒球或垒球运动术语，是指击球员三击不中而出局。
[③] 长尾分布（Long-Tailed Distributions）是重尾分布的一个子类型。2004年10月，美国《连线》杂志主编克里斯·安德森在他的文章中第一次提出长尾理论。他告诉读者：商业和文化的未来不在热门产品，不在传统需求曲线的头部，而在于需求曲线中那条无穷长的尾巴。比如，在互联网的音乐与歌曲、新书甚至旧书等的销售中，尽管单项的热门商品畅销，高居营业额的前列，但是由于几乎无限的商品数量和快递的便捷性，使得那些看上去不太热门的商品也在创造着出乎意料的营业额，最终竟然成为电子商务网站销售收入的主要部分。

规则就是"表达要言简意赅"。在沟通交流的规则中，运用一个实例说明了聚焦重点、言简意赅的重要性，那就是"当公交车驶近公交站时，如果只能对将要下车的人说三句话，你打算说什么"。

杰夫·贝佐斯本人就是简化表达方式的倡导者，他通过身体力行积极贯彻这一理念。2012年杰夫·贝佐斯访日时，我安排了《日经商业》杂志的"总编访谈"。当时，杰夫·贝佐斯在接受采访时说："我们公司的发展愿景是成为地球上最重视顾客的公司。"在此基础上，他还总结说，"为了实现这一愿景，我们要抓好三大要素——货源充足、价格实惠和便捷实用。这三者之间是相互联系，密不可分的。"他将自己想表达的重点聚焦在三个方面，清晰地向读者表达了亚马逊真正要发力解决的关键问题到底是什么，回应了他们关心的焦点。

特征 4　不说与顾客无关的话

在沟通交流时，从不会被人质疑"这究竟与顾客有什么关系"，这是杰夫·贝佐斯表达方式的特征之一。

比如，在接受商业杂志的采访时，他绝对不会主动提及亚马逊的销售额和利润等数字，也不会涉及市场占有率以及竞争企业与自己公司之间的定位等内容。这是因为杰夫·贝佐斯认为，"这些数字与使用亚马逊服务的顾客之间没有任何关系。顾客不会因为亚马逊的销售额快速增长就选择使用亚马逊，同样也不会因为亚马逊领先竞争对手推出新的服务就信任亚马逊"。

站在商业杂志的立场来看，他们认为"最好还是能列举一些数字，这些或许是顾客所需要的"。但是，在这一点上，杰夫·贝佐斯从未有过任何动摇，始终坚持着自己的看法和原则。

当然，"没有任何关系"的说法看起来是有些偏激和绝对的。但是，至少有一点是可以断定的，那就是依靠销售额和市场占有率等信息构建的关系是短暂的、无法长期维持的。如果想与顾客构建长期的信任关系，"是不需要这些数字"的。

作为公关部，我们在面对媒体时也会坚持这一立场和姿态。虽说如此，在不强调这些数字的前提下，要想对外彰显亚马逊的发展前景和优势地位，就需要在宣传方法上不断下功夫，对于这一点，我有深切的感受和回忆（关于应对措施，将在第四章中进行介绍）。

特征 5　不引用模棱两可的数字

杰夫·贝佐斯坚持不引用模棱两可的数字的原则。关于公司正式上线某项服务的时间等，就是典型的例子。

比如，当别人问他Kindle将于什么时间在日本上线时，杰夫·贝佐斯的回答是"非常抱歉，我能答复您的只是将在年内尽早发布新的信息"。如果是其他企业的经营者遇到这样的问题，恐怕会回答"将于明年春天上线服务，现在正在积极推进准备工作"。但是，杰夫·贝佐斯是从来不会给顾客画饼的，他不愿意信口描绘充满希望的未来。直至能够确认技术已经完全成熟，"即使上线服务，也不会给顾客带来麻烦"，否则他绝不会轻易提及数字。乍一看，有些人会觉得这么做有些冷酷无情，但这实际上是对顾客高度负责的表现，体现了"绝不吊顾客胃口，避免令人大失所望"的决心。杰夫·贝佐斯曾经用独特的表达方式断言"一家在产品还存在缺陷时就急于将其推向市场销售的公司，绝不会有坚强的韧性和忍耐力"，以此表明了亚马逊的立场和态度。

特征6 善于利用时间线引导纵向思考

帮助大家感受到时间的变化，这也是杰夫·贝佐斯的表达方式的特征之一。

亚马逊的员工经常会听杰夫·贝佐斯讲2000年前后发生的事情。当时美国股市经历了互联网企业股价泡沫破灭，亚马逊的股价从40美元暴跌至2美元。他以"那个特殊时期"做引子，强调了改革创新的重要性。

"当时，我被投资者和媒体所误解，但是我并不后悔，因为这么做是在改革创新，所有的投资都是在为未来开花结果播下种子。正是由于当时播下了种子，精心浇水施肥，才最终迎来了现在花开满园、欣欣向荣的繁华景象。但是，盛开的花朵终会枯萎凋零。因此，我们从今天开始就要播下改革创新的种子，只有这样才能孕育出明日绽放的花朵。即使现在被人误解，我也要义无反顾地坚持到底。"

这是杰夫·贝佐斯访日时对我们讲的一段话，令我至今难忘。

杰夫对"2000年"和"现在"进行了对比，用简洁易懂的方式，向员工们阐明了两者之间的关系。由此，告诫大家"今天的成功并不是今天创造的，如果不积极创新，未来是没有希望的"，并激励员工们解放思想，畅想未来，时刻保持创新意识。

特征 7　坦荡真诚

可以说，坦荡真诚也是杰夫·贝佐斯表达方式的一个显著特征。这是因为杰夫·贝佐斯信奉一个原则：如果撒谎或者隐瞒不想为人所知的事实，是无法与对方构建长期互信关系的。虽然不会遇到一点儿事情就去解释，但是一旦发现自

第一章
从杰夫·贝佐斯身上学到的故事创作和宣传方法

己确实存在问题,他就会第一时间直接道歉。

2009年,由于疏忽, Amazon.com对外销售了自己并没有版权的两部作品——乔治·奥威尔①的代表作《动物庄园》和《1984》的电子书。因此,亚马逊采取了删除Kindle数据并向消费者退款的措施。但是,很多购买了电子书的消费者无法理解此事,纷纷质疑"亚马逊随意删除自己已经购买的商品",认为这种行为非常恶劣。于是,杰夫·贝佐斯第一时间在Kindle的官方网站上发表声明,表示"我们解决问题的方法是愚蠢的、欠缺考虑的,也是背离我们宗旨的","所有的一切都是我们的责任,大家批评我们是情理之中的事情","我们将充分吸取此次失误的惨痛教训,力争今后所做的都是符合我们使命职责的正确决定"。在这种危机应对策略的干预下,顾客们逐渐平息了怒火。

如果觉得自己是错的,就应该认真地反思道歉,并明确今后的整改方针。通过这一处理方法,可以修复企业与顾客之间受损的信任关系。

---

① 乔治·奥威尔(George Orwell,1903—1950年),英国著名小说家、记者和社会评论家。他的代表作《动物庄园》和《1984》是反极权主义的经典名著,其中《1984》是20世纪影响最大的英语小说之一。

特征 8　近乎偏执地反复说相同的话

"一次又一次说相同的话"也是杰夫·贝佐斯表达方式的特点之一，也就是：

·针对同一对象，多次表达相同的意思；

·即使对象发生变化，也会重新考虑语言，表达同样的意思。

前文曾经提到2012年杰夫·贝佐斯访日时，接受过《日经商业》杂志的专访，最终以"总编访谈"的形式刊出了访问报道。这次访问"向读者充分阐释了亚马逊的经营哲学，赢得了高度评价和积极反响"。从这个意义来看，也是我终生难忘的一次工作经历。

在采访报道最后的"旁白"栏中，《日经商业》杂志的总编亲笔写下了采访后的感想和体会。作为亲历者，我对贝佐斯向《日经商业》杂志的总编反复讲述相同内容的情形记忆犹新。下面，我将全文引用"旁白"的内容，与广大读者朋友分享。

"最终发挥决定作用的是顾客"，"这也是由顾客决定的"。在采访生涯中，我还是第一次遇到"顾客"这个词的使用频率如此之高的情况。因此，我不禁向他提了一个充满恶意的问题："许多公司都口口声声强调顾客至上，那么，你与他们之间究竟有什么不同呢？"在听了杰夫·贝佐斯当时的回答之后，

第一章
从杰夫·贝佐斯身上学到的故事创作和宣传方法

我就断定这是个经过千锤百炼并且意志坚强的人。"其他公司光是将顾客挂在嘴上，结果还是根据竞争对手的情况决定自己的策略。这并没有什么创新之处，根本称不上先驱者。"站在顾客的视角上，深入思考所有策略的科学性和合理性，这是杰夫·贝佐斯信奉的哲学，也是他的成功经验。不仅如此，他还将这一理念推广渗透至公司的每一个角落。在采访过程中，他向我展现出了这种执着的精神。

我们公关部也一直在坚持"反复对外宣传相同的事情"。在面向媒体沟通交流，或者对外发布信息时，我们必然会从亚马逊的重要使命和价值观开始起头，比如使用"将打造地球上最重视顾客的公司视为使命的亚马逊……"等表达方式。如果读者是亚马逊长期的合作伙伴，那么肯定已经听过许多次了，因此根本不会感到陌生。实际上，就算是从事宣传工作的我们，有时也会对此感到厌烦，想省省事。但是，在实际工作中，我们还是一直坚持着这种开头的方式。

反复重复同一件事，可以帮助我们准确、简洁、明了地传递信息。正因为如此，亚马逊的经营哲学才能不断渗透至社会的各个领域，并发挥积极的作用。

总体来看，我认为在杰夫·贝佐斯的表达方式中，特征1~7的任何一个都是非常有效的,但是唯有特征8"近乎偏执地反复说相同的话"才称得上是杰夫·贝佐斯的看家本领。只有建立在这一特征的基础上,其他特征才能充分发挥效果。

植根于企业灵魂的重视故事创作的制度

在亚马逊内部存在着某些制度，引导着全体员工自觉地"通过讲述故事来传递信息"。下面，我将介绍几种具体的制度。

制度 1　要求全体员工都要树立主人翁意识

在亚马逊存在一种被称为"Our Leadership Principles"（领导力准则）的理念。为了方便沟通，员工们取这三个英文单词的首字母，将其简称为"OLP"。

OLP是一种适用于所有员工的行为规范，无论职务多高都必须遵守，一共包括14条内容。通过公司内360度无死角的全面评价，可以监督员工按照OLP行动，并将其列为升职和加薪的判断标准。

比如，Ownership（主人翁意识）是OLP的行为规范之一。关于这一规范，具体的解释是"企业的领导者必须拥有主人翁意识。领导者必须具备注重长期发展的战略眼光，不能为了追求短期利益而牺牲长期价值。领导者不能只维护自己团队的利益，还要为了企业整体的利益而奋斗。领导者绝不能推卸责任，任何时候都不能说出'这件事不在我的工作范围之内，与我无关'之类的托词"。也就是说，员工需要将企业利益与自身利益紧密结合，从长期的战略视角出发，思考如何取得成功。

假设亚马逊的员工发现"如果能够实现这一设想，就可以更好地为顾客服务"时，不管经验和履历如何，通常只有员工本人才是推动这一创新思路落地的领导者。虽然上司也会给予帮助和指导，但是最终实现这一设想的项目领导者就是"想出这一创新思路的人"。由于存在OLP这一行动规范和选拔领导者的思维方式，因此在亚马逊，光能提出创新思路是远远不够的，员工还必须养成着眼长期的思维习惯，真正思考"如何才能实现计划，让项目进入正轨，取得成功，并不断发展壮大"。

制度2　在会议室摆一个永远为"顾客"留着的专座

在亚马逊的会议室中，总会在醒目的位置留出一个空着的座席。看到这一情景，亚马逊以外的人往往会觉得奇怪，甚至质疑为什么要特意在那里留出一个空位呢？但是，对亚马逊的员工而言，这具有非常重要的意义。因为空着的座席，代表着虚拟的顾客，也就是"企业心目中的顾客"。

可能有些读者会说："那么重视数字和效率的亚马逊，竟然会做出这么形式化的事情吗?真是不敢想象。"但是,在实际工作中,这一措施发挥着巨大的作用。

因为它营造了一种氛围,不断提醒亚马逊的员工进行自省,时刻不忘问一问自己:"我们在这里讨论所耗费的时间,能够为顾客带来利益吗?我们在这里讨论的内容,能够为顾客带来长期收益吗?"

比如,当会议陷入无休止的争吵和讨论,根本看不见形成决定和达成一致的希望时,如果还拖泥带水地继续开会,会出现怎样的情况呢?如果遇到要求严格的顾客,肯定会怒火中烧,觉得"我付给你们工资,你们却将时间浪费在这些毫无意义和成果的会议上。在这种情况下,如果我还保持或者增加在亚马逊的消费金额是无论如何也说不过去的"。因此,亚马逊自然而然地养成了一个不成文的工作习惯,那就是"禁止开长会,当确定还需要进行讨论或者在会议当天拿不出结论时,就果断休会,择日再开"。

此外,由于这种虚拟顾客监督制度的存在,还会下马一些表面上看起来可以给亚马逊带来利益,但是实际损害顾客利益的方案和计划。比如,有一个方案,"如果引进新的制度,可以大幅削减配送成本,但是会严重影响配送效率,将现有的配送时间增加1小时左右"。如果只考虑公司自身的利益,应该毫不犹豫地引进这种制度。但是,因为会损害顾客利益，所以这个方案是绝对不行的。

如果有顾客在眼前监督，"自然会做出这种选择"。但是，在许多公司的内部会议中，由于缺少顾客的监督，往往会通过许多对顾客不利的方案和计划。

也就是说，亚马逊通过"摆设空置顾客席位"的方式提醒员工注意"看不见的最高权威"——顾客的存在，借此督促员工做出正确的决定，从而真正构建与顾客之间的长期互信关系。

制度 3　通过公开发布信息的形式提出企业内部的企划方案

在亚马逊内部，员工提出新的企业经营方案时，往往需要遵循下述规则：

- 不使用幻灯片（PPT）；
- 按照文件的标准格式拟订；
- 按照公开发布信息（Press Release）的形式制订。

可以说，这是亚马逊重视通过故事传递企业文化的有力证据。

所谓"公开发布信息"是指：配合上线服务的时机，对外公开报道"×年×月×日，正式开启××项目"等。在实施信息发布时，亚马逊会对新服务的特征进行简明扼要的总结，并向各种媒体发稿，希望引起媒体的兴趣和关注，

第一章
从杰夫·贝佐斯身上学到的故事创作和宣传方法

争取他们前来采访报道，为扩大企业和新业务的影响力创造条件。

每当亚马逊推出新上线的服务时，公关部都会与相关部门进行沟通交流，并认真准备新闻发布稿。因此，我是非常了解这种方式的。也正因如此，在最开始的时候，我对公开发布信息这种形式也存在一定的质疑和抵触，觉得"刚上线一项新业务，还不知道将来是否真的会一帆风顺，现在就大张旗鼓地进行宣传是不是为时过早"。

但是，当了解了这么做的理由后，我就对此认同并变得积极起来了。因为在解决具体问题方面，比如"为实现计划明确具体的目标日期""检查实现计划是否还有遗漏和问题需要解决"等，信息公开发布是非常有效的。

也就是说，如果不从结果出发，对故事进行逆向思考，推算具体需要的每个步骤，就写不出好的宣传报道。

信息公开发布的稿件由一页纸构成，使用以客户为中心的语言，对新项目的愿景进行说明。在撰写稿件时，我们会设想未来，想象顾客在体验产品或服务时的感受，设想他们会想什么、说什么。也就是说，要说明"顾客是怎么看待这一创新方案的"。因此，撰写稿件的出发点并不是宣传人员怎么思考问题，而是站在顾客的视角进行分析说明。

在开始编辑公开发布的稿件之前，公关人员应该思考并

27

回答下述五个方面的问题。

"顾客是谁？"
"顾客面临的问题或可能存在的机会是什么？"
"对顾客而言最重要的利益是什么？"
"应该如何了解顾客需要或者想要的东西？"
"顾客的体验究竟会怎样？"

在此基础上，再按照下述结构和要素拟定稿件。

1.标题

·采用简短、有说服力的表现形式。

·进行归纳总结，概括出一句话的摘要，说明将要开展什么业务，顾客能从业务中得到的最大利益是什么。

·开始时间，向顾客传递服务尚未正式上线的信息，催生顾客盼望服务上线的期待心理。

2.第一段

·说明新服务和产品究竟是什么。设想读者不会从头至尾阅读稿件的所有内容，并在这一前提下，进行有效说明。

·从顾客开始。在稿件开头，明确指出服务的对象和优点。

・对上线的服务或产品进行说明，要使用顾客容易理解的词语。在正式提出服务名称和商品名称之前，先对其是什么进行说明介绍。关于服务名称和商品名称，可以用[ ]括起来的空白部分进行占位。

3.第二段

・关于可能存在的机遇或问题，应该以顾客为中心进行思考和阐述。

・明确说明应该解决的问题，切忌虚构或夸大事实，应该以事实为基础，增强文字的说服力。

4.第三段

・解决途径或解决方法。

・明确发展愿景，具体说明如何最大限度增加顾客受益的机会，或者如何向顾客提供解决问题的方法。

5.第四段

・原文引用亚马逊领导的发言内容。严禁虚构夸大，由此证明方案和想法是有证据支持的。这个发言表态会涉及向顾客提供的价值。

6.第五段

・记录顾客的相关体验，包括顾客使用了什么、如何评价以及体验到哪些价值等详细内容。这一段的目的是说服读者使用新服务和新产品。

7.第六段

·顾客之声。

·虽然可以适度地夸大或虚构顾客的心声和反响，但是这里所表达的内容必须是有真情实感的、能激起共鸣的。顾客之声主要用来强调顾客对提供的新服务和新产品感兴趣的原因。

8.结尾

·随附"关于详细内容，请点击此处"的链接。

9.附件

·以附件的形式，准备FAQ（常见问题）。

如果按照上述要求拟定新闻宣传稿件，并通过正式发布分享一些具体细节，比如"选择什么样的顾客作为对象？""这项服务对顾客而言有什么好处？""哪些内容会受到顾客的关注与好评？"等，顾客就可以在脑海中想象出服务上线后的情景，与亚马逊一同畅想未来某个美好的画面，从而更好地增进相互理解。

此外，这样做还可以从未来的某个场景出发进行逆向分析验证，有利于切实梳理出服务和产品中存在的问题以及不足，比如"顾客真的需要吗？""顾客的具体体验到底是什么？"等。

通过信息发布形式进行的展示，可以锻炼公司员工的故事思维能力，在研究项目时，发挥着"基本方案"的作用，效果非常理想。

此外，亚马逊是禁止使用PPT的，在许多杂志和书籍中，都曾经提到过这一点。之所以存在这一规定，是因为"PPT资料有一个明显的缺点，那就是事后重读时，可能会遗忘重点"。在使用PPT进行展示时，往往只会以大标题的形式标注关键词，其他内容均通过现场口头讲述。由于展示的内容像播放电影一样，具有很强的画面感，可以给听众留下非常深刻的印象。但是，如果事后光是重读PPT资料，往往会遇到无法解答的疑问。

提出这条禁令的不是别人，正是杰夫·贝佐斯本人。有一次，他在重读以前参会用的PPT材料时，发现由于缺少重要内容，导致自己根本理解不了PPT所要表达的主题。因此，他亲自下发通知禁止使用PPT，转用普通文档撰写材料，以便会后重读时也能顺利理解主要内容。根据我的记忆，那应该是2006年的事情。

制度 4　**担负着为顾客创造价值的责任和义务**

可以说，客户体验员（Customer Experience Bar Raiser）的存在，也是亚马逊组织结构方面的一大特色。

我已经在前文介绍了"通过信息公开发布的形式提出企划方案"。但是，在亚马逊，企划在真正实现之前基本上还须经过下述步骤：

①当员工意识到"可以提出某种新业务"时，应该拟定用于信息公开发布的展示资料。

↓

②员工向上司或提供信息发布声明的人员进行介绍和展示。

↓

③当上司或提供信息发布声明的人员判断"这个企划方案对亚马逊具有重要意义，希望将其转化为现实成果"后，企划可以进入下一阶段。

↓

④由客户体验员对信息公开发布进行审查。

↓

⑤当客户体验员实施审查后，向企业总裁等决策者进行介绍和展示。

在实施正式审查之前的①和②两个步骤之间，可以利用向客户体验员自由提问的办公时间与客户体验员确认信息公开发布的内容，或征求关于方案的意见。此外，大项目可能需要实施包括信息发布审查在内的多重审查。首先是策划阶段，然后是获得批准、启动项目、起草标准的阶段，最后是使用测试端口进行确认或实施文字检查的阶段。

如上所述，客户体验员在向顾客提供最优质的服务方面，发挥着非常重要的作用。

在亚马逊，各部门会提出数量众多的方案和计划。从更高的站位出发，探讨和研究"对地球上最重视顾客利益的亚马逊而言，这一方案是否有实际价值"就是客户体验员的职责。

抬杆人（Bar Raiser）是指在跳高比赛中，一次次将横杆调高的工作人员。正如字面意思所述，客户体验员担负的职责是"判断各部门提出的方案是否有价值，是否有利于提升亚马逊的顾客满意度"。他们往往会阅读大量公开发布的信息，并在此基础上做出判断。

虽说如此，他们并不是专职的客户体验员，只不过是周围渠道推荐的名誉职务。当我还在亚马逊日本分公司任职时，亚马逊日本分公司内设有4名客户体验员，包括网页编辑部门1人、数字业务部门1人、市场营销部门1人、客户服务部门1人。他们分散在不同的专业领域中，全都在所在领域担任要职。虽然平时的工作节奏很快，任务非常繁重，但他们还是恪尽职守，严格按照"哪个计划方案有助于续写亚马逊未来辉煌故事"的标准，对源源不断到来的新信息发布稿件进行浏览审查，做出自己的判断。

第二章

构建信任关系,增加粉丝数量
——"宣传"工作的原则

公关宣传与广告宣传之间的区别

我步入社会已经有25年了,一直从事公关工作。除了亚马逊以外,我还在软银、世嘉等大型企业中任职,主司公关工作,作为幕后推手,帮助企业完成各种各样的营业目标。虽然本书是围绕"讲述故事(传递故事)"这一主题展开的,但在论述过程中,还是以公关经验为基础,按照我的思维方式,对"什么才是好的表达方式"进行了概括总结。

作为企业传递信息的手段,"广告宣传"已经成为大家耳熟能详的词汇之一。在此,我将重点围绕公关宣传与广告宣传之间的差别进行分析。通过研究两者之间的差别,从公关的视角出发,对"灌输"与"共鸣"进行对比分析,会花费一定的时间。但是,公关可以在不投入大量资金和人力的前提下,构建与企业客户和终端顾客之间的信任关系,因此是值得企业重视的。

对在公关部工作的人而言,这些都是必须遵守的基本原则。因此,如果读者朋友觉得"自己对这些简单的常识有一定的了解",完全可以一带而过,不必浪费时间研究。

亚马逊如何公关
amazon

公关宣传与广告宣传之间存在五大区别

公关的英文是Public Relations。公关部担负的主要职责是与媒体构建良好关系，增加企业曝光率和出镜率。实际上，公关部还有其他职责，我将在后文进行更为详细的介绍。

广告的英文是Advertisement。广告部门担负的主要职责是探讨研究如何在媒体上展示企业形象，并最终实现落地。

我认为两者之间存在下述五大区别。

此外，有一点需要特殊说明，我之所以对公关宣传和广告宣传进行对比研究，目的并不是为了分辨两者孰优孰劣，而是为了帮助读者更准确地把握公关这个工作的特质。两者之间的作用各不相同，因此许多企业往往会同时设置"公关"和"广告"两个部门。

只是我认为对那些希望在"通过故事灌输理念"方面投入更多精力的企业而言，应该先重新审视现在的公关活动。这是因为与立竿见影的广告宣传活动相比，致力于树立企业品牌形象的公关活动，更能体现出故事的感染力和亲和力。此外，由于广告宣传需要在短时间内投入大量的资金，从经济角度来看，小型企业和默默无闻的企业等更应充分重视公关宣传的重要性。

前面的铺垫可能有些冗长，我将切入正题，就广告宣传和公关宣传五个方面的区别进行详细说明。

区别 1　公关宣传是花钱也买不来的

实施广告宣传时，主要由企业出资，购买各种媒体版面以及资源，在媒体上投放广告。制作广告宣传品的费用也需要由企业自行负担。其目的是增加企业的曝光率，扩大宣传对象产品和服务的销售额，并提升企业形象。如果再简单直白一点儿来说，就是"出钱买曝光率"，因此基本不会发生"签订了合同，付了费用，但是未能投放广告"的情况。

与之相对，公关宣传是一种"只有与对方的意向和关注焦点相一致，才能奏效的方法"。这一方法不能光靠付费实现。比如，当亚马逊向媒体透露"即将上线新服务"的消息后，是否对这一新服务进行采访和报道，完全是由媒体决定的。

这就要求公司的公关部具有一定的想象力，能够明确"哪些事情是符合对方利益的，哪些部分更容易被媒体报道"。我时不时会听到"公关是免费的广告"这一说法。对此，我并不认同。媒体采访的目的是为自己的读者和观众提供有益的信息。即使企业方面希望媒体给予关注报道，但如果提供的素材对于媒体的读者和观众没有任何益处，媒体也是断然不会进行采访并报道的。

此外，对那些尚未与媒体构建信任关系的企业，媒体也不会进行报道。在反复采访的过程中，媒体会对企业进行深入调查，明确其是否制定了实现业务目标的战略，并紧紧围绕战略开展经营活动。同时，媒体还会对企业的顾客进行采访，以此判断这家企业是否值得长期关注，并向自己的读者和观众群体宣传推介。也就是说，公关宣传是企业组织实施的对社会具有贡献的业务活动，旨在通过开展深入的沟通交流，实现赢得社会信任的目的。

区别 2　公关宣传无法选择投放场所

实施广告宣传时，企业基本可以决定在哪些媒体上投放广告，比如"这项新服务是面向女性顾客的，因此希望在女性读者和观众较多的媒体上的合适时间段投放"。

与之不同，实施公关宣传则是由顾客的兴趣和关注焦点决定的。如果对方表示"这非常有意思，希望再深入了解一下"，还可以进入下一阶段，进行深入推介。但是，如果对方根本没有表示出任何兴趣或者完全不关心，恐怕只能就此放弃，停止继续公关宣传了。可以说，"是否能够激发顾客的兴趣，赢得顾客的关注"是评估公关活动能力的重要指标。

区别 3　公关宣传无法控制宣传的内容

在实施广告宣传时，供稿方基本可以自行决定广告内容，只要不过度夸张违反相关规定，就可以按照自己的想法处理。实际上，在"亚马逊优享服务"（Amazon Prime）的广告中，亚马逊就可以自由考虑广告内容。比如，"此次推出的亚马逊优享服务，应该争取的顾客群体是习惯于通过智能手机观看电影或连续剧的人群""这个广告的主要宣传对象是单身赴任开启新生活的人群，希望向他们传递出通过'亚马逊优享服务'购买商品，可以开辟美好生活的理念"。在选定上述主题的情况下，可以做出对外传递核心理念和意向的广告。与之相对，在公关宣传过程中，企业是无法自行控制宣传内容的。虽然通过采访等形式，可以向媒体表明自己想选择的切入点和关键词，但是最终要表达什么，又该如何表达，则完全由媒体决定。有时，"忙忙碌碌接受了一天的采访，最终在媒体展示出的只有几张照片而已"。

区别 4　公关宣传的效果是由对方评价的

在实施广告宣传时，对产品的评价是由付费方自己决定的。比如，在启动自己希望主推的新服务时，亚马逊可以对外宣传"通过这种服务，能够彻底改变顾客的生活方式"。

与之相对，在实施公关宣传时，评价则是由媒体做出的。举一个极端一点儿的例子，你觉得媒体心怀善意而来，以认真的态度接受采访，并对采访的效果抱以期待。但最终的结果出乎意料，在实际播出时，内容全都是负面消极的，这种情况是完全可能出现的。这是因为媒体可能会认为"在广告中，亚马逊明明号称'通过新服务，能够彻底改变顾客的生活方式'，但是顾客在购买新服务后，生活方式实际没有任何改变"。

区别 5　公关宣传不适合"短期投资"

在广告宣传中，通过提升曝光率，可以在短时间内取得相应的效果。比如，在新服务上线之前和之后的两周时间内，通过各种媒体集中投放广告进行宣传，可以提升这一时间段的曝光率，并大幅提升知名度。也就是说，广告宣传是一种"短期投资"。如果想"在短时间内，取得一定的效果"，广告宣传确实可以发挥较大作用。

与之相对，公关宣传则完全不适合进行"短期投资"。这是因为赢得信任需要时间，而企业自己是无法选择报道的时间和内容的。只不过通过"连续与媒体接触并持续传递信息"，企业可以逐渐与媒体之间构建信任关系，并向对方诠释自己是什么样的企业，从而增进彼此的了解。这样一来，企业被媒体关注和报道的机会就会增加，报道的内容和效果也会向自己期望的方向转化。也就是说，公关宣传是一种"长期投资"。

应该重视通过讲故事的方式传递信息

你觉得怎么样?

"就算花钱也买不到。"

"无法选择投放场所。"

"无法控制宣传的内容。"

"效果是由对方评价的。"

"不适合'短期投资'。"

…………

在罗列公关宣传的特征时,会发现它是"无穷无尽的"。但是,也正是因为如此,才会有所收获。

通过这些能够收获的,正是企业与媒体、顾客之间构建的长期信任关系。

媒体拥有决定是否采信相关信息的权利,因此一旦企业的主张得到报道,就意味着企业与媒体甚至是社会之间构建了信任关系。随着类似的经验积累得越来越多,彼此之间的信任关系也就变得越来越牢固。

那么,通过媒体直接接触信息的顾客又是怎么看的呢?当他们看到经过自己信任的媒体严格筛选、客观评价、认真发布的信息后,顾客会认为"这个产品肯定非常好,选择它准没错"。在反复接触这样的信息后,顾客的评价也会逐渐升级,从对"这家企业的产品和服务……"的具体评价,提升到对"这家企业……"的整体评价。

构建信任关系的过程往往存在许多坎坷，非常艰苦。但是，信任关系一旦建立，就会逐渐变大变强——可以说这是一种长期的信任。不过，经历千辛万苦构建的长期信任关系也存在不稳定性，稍有不慎就会毁于一旦，因此，必须时刻警醒，谨小慎微，悉心经营这种关系。

在此，我再次提醒大家注意一点，那就是"通过故事传递信息"的重要性。企业需要通过对方（媒体和顾客）容易接受的形式，坚持反复表达自己想传递的信息。如果先是向对方传递"将快速和价格实惠作为卖点"的信息，之后又转而强调"面向严格筛选的顾客群体提供高价服务"的信息，就会令对方感到困惑，怀疑企业"究竟想表达什么"。

可以说，所谓重视通过故事传递信息的公关活动，就是指"不断对外宣传企业文化和特性"，最终实现"与对方成为亲密伙伴"的目标。

亚马逊公关部是由少数精英组成的精干团队

我在亚马逊工作期间,按照业务种类,将亚马逊日本分公司公关部分成九个小组开展工作。

第一小组是企业公关业务组,主要负责企业整体的品牌打造和风险应对。此外,召开公司全体会议等大型会议,也是第一小组的业务。

第二小组是亚马逊卖家服务组。在企业卖家服务中,非亚马逊的商家可以利用 Amazon.co.jp 网站,支付"每月4900日元(税后)+销售佣金"的费用,以卖家(Seller)的身份卖货。此外,还有一项选项服务(Option Service),卖家可以将销售商品寄存在亚马逊的仓库保管,一旦有顾客下单,就由亚马逊代为发货。这是一种非常便捷的制度。因此,亚马逊不仅拥有许多企业卖家,还有大量的个人卖家。个人卖家每销售一个产品须缴纳100日元左右的固定费用+销售一件商品的佣金。第二小组主要面向这些卖家开展公关活动。

第三小组是数码硬件组,主要针对电子书终端、Fire平板电脑以及智能音箱(Smart Speaker)等产品开展公关宣传。

第四小组是数码内容组,主要针对优享视频(Prime Video)、优享音乐(Prime Music)、金读内容(Kindle Content)等开展公关宣传。

第五组至第九组分别是书籍、家电、消费品、生活休闲、时装等各种零售业务组。这些小组面对的商品种类繁多,数量惊人。

我在亚马逊工作时,就已经存在上述九个小组了。

非常遗憾,关于公关部当时的人数,我不能在此披露。但是,有一点是毫无疑问的,那就是公关部的员工数量不多,是由少数精英组成的。由于定期会召开各个企业公关部人员参加的会议,为了搜集信息和实际调研,我经常会出席公关人员交流会议。此外,我还经常与亚马逊同业公司的公关部人员进行交流互动。据我了解,亚马逊公关部的人数比其他同等规模的公司要少得多。

因此,公关部内并没有"每个人只能在一个组工作"的明确规定,有时会出现一个人同时兼任多个小组工作的情况。我也没有例外,在担任公关部部长期间,我也曾兼任过某个小组的公关业务,通过从整体上把握部门运作的形式,积极推进工作进展。

现在回想起来,这种"少数精干"的风格其实是亚马逊公关部的特点之一。在公关部工作的13年间,我接触到了各种各样的公关业务,而亚马逊的各项业务每年也都以惊人的速度飞速发展,因此我们不得不直接面对"应该如何确定公关工作优先级,以提升宣传效果"的问题。

亚马逊公关部需要遵守的基本信条

在亚马逊，各部门都有被称为信条（Tenets）的宗旨理念，它规定了"这一部门选择什么作为自己行动时的核心价值观"。

前文提到的全球任务（Global Mission）和领导力准则（Our Leadership Principles）是由以杰夫·贝佐斯为首的高层管理团队（简称"S-Team"）提出的。与之相对，信条则是由各部门自己提炼总结的。

亚马逊日本分公司的公关部是以美国总公司公关部的信条为基础，制定自己部门的信条的。

虽然信条的内容各不相同，但是，我还是想从中摘选一些具有代表性的，与读者朋友分享。

全世界的亚马逊人在对外发声时应注意的信条

一是"应构建与顾客之间的互信关系"。

对亚马逊来说，最重要的事情就是持续赢得顾客的信任。针对损害顾客信任的情况，亚马逊应迅速采取措施，充满诚意地妥善应对解决，或者预先采取行动防患于未然，减轻事态影响，力争与顾客构建长期的信任关系。

二是"应以顾客为中心进行沟通"。

我们的使命是争做"地球上最重视顾客"的企业，因此在沟通交流时，绝不能忘记初心，应该时刻以顾客为中心。

三是"真诚坦白，童叟无欺"。

当自己出现问题时，亚马逊绝不隐瞒遮掩，敷衍塞责。此外，无论何时，亚马逊绝不对外展现缺乏诚信的形象，以免招致误解。

四是"奉行质量优先原则"。

我认为这一原则是最能体现亚马逊特质的。信息贵在精而不在杂，并不是信息的数量越多就越好。因此，亚马逊不提供对顾客而言毫无意义或者无关紧要的冗杂信息。此外，在提供信息时，亚马逊会注意拿捏分寸，避免过度烦琐和程式化，用心去思考顾客真正关注的信息到底是什么，并秉承简洁明了的原则，与顾客进行沟通交流。

五是"在没有准备充分的时候，应尽量避免发布信息"。

这一点也非常具有亚马逊特色。在新上线服务的体制尚不健全，仍无法确定什么时候正式启动时，即使向媒体和顾客透风说"将来会上线某某服务"，所传递的内容也是模糊暧昧、没有确切依据的，根本算不上为顾客着想的有温度的信息。因此，亚马逊会尽量避免对外发布类似的信息。

六是"不主动披露可不公开的信息"。

顾客关注的焦点往往是"商品种类的丰富性""价格的实惠性"和"使用的方便性"。因此，对于顾客不感兴趣的内部数据、客户合同条件、系统算法以及利润收益等，亚马逊一律不对外公布。也就是说，亚马逊要做的是认真思考顾客对亚马逊感兴趣的焦点是什么，并积极向他们提供相关信息。

除了美国、日本，亚马逊的电商网站遍布意大利、加拿大、德国、巴西、法国等世界范围内的多个国家和地区。但是，无论哪个国家的亚马逊公关部，都奉行与上述内容相同或近似的信条，并将其作为开展业务的基本准则。

"质量优先"是任何企业都应重视的关键问题

我从亚马逊离职后，为各种企业提供信息发布咨询服务。其间，我向大多数企业特别强调的一点就是，亚马逊信条中的"质量优先"的理念。

在发布关于自己公司的信息时，许多企业都会陷入一个误区，那就是片面地认为"传递的信息量越多就越好"，并将"转化成广告费能节省多少预算"作为衡量公关效果的指标。但是，事实未必如此。

企业应该以高效的形式向自己要公关的对象，传递自己想表达的内容。通过这种方式实现的交流，才是构建长期信任关系的关键因素。

如果用亚马逊内部的观点来解释，开展公关的关键并不在于"是谁"或者"是什么事"，而在于一个不容忽视的事实，那就是"当企业向顾客提供了他们希望了解的信息，就在争取赢得他们信任的路上又迈出了坚实的一步"。无论何时，企业都不应忽视这一观点。

在传递信息时，企业不应针对不确定的对象，而是应该精准设计，一边想着对方的情况，一边思考如何阐述自己的观点。我想不仅仅是亚马逊，对任何企业而言，这种方法都是非常重要的。

经过亚马逊实战检验的高效公关思维和制度

前文介绍了亚马逊公关部的信条。我们都是在这一信条指引下开展工作的。下面，我将围绕如何思考和按照什么制度运行进行具体说明。

通过公司内的人们讲述故事的职能

如果仔细思考一下，我们公关部的工作流程具体如下所示：

· 发现公司内想表达自己诉求的人（亚马逊创始人杰夫·贝佐斯和其他员工）。

· 与这些人紧密沟通，同他们一起厘清思路，并形成故事脚本。

· 帮助他们讲述故事，有时甚至要代替他们发声，由公关部员工走上前台讲述故事。

作为源头，首先要善于找到"公司内的某个人"，然后，辅助他们实现自己讲述故事的诉求，这是公关部员工的主要职能。

"吹风造势"是公关的职责

作为公关的基本思维方式，我认为最应该强调的就是"吹风造势"。但是，我们还必须遵循一个基本原则，那就是不能胡编乱造、无中生有，"将0说成1"。

当出现了某些值得推广宣传的具有新闻价值的事件，比如"计划推出某种新产品""准备上线某种新服务"时，我们可以将其视为素材，开展公关宣传，借此推动更多的人认识其价值。这就好比"在奋力奔跑的人（具有新闻价值的事件）后面吹风一样，帮助他们跑得更快、更远、更轻松"。

反过来看，我们不能"将0说成1"。也就是说，"对于那些根本不想动的人（毫无新闻价值的状态），就算在背后吹风，也不会带来任何改变（无法发挥公关宣传的效果）"。在这种状况下，如果我们违背事实，一味宣传造势，非但不会取得良好的效果，反而给媒体和顾客留下不好的印象，造成恶劣的影响。因此，"不管项目本身是否有宣传价值，都一味希望媒体报道"，这种行为只在乎公司的利益，与顾客之间没有任何关系，是勉为其难的，也是不负责任的。

关于"究竟什么线索才算有新闻价值"这一点，我将在第四章中进行详细论述。如果项目本身缺少新闻价值，那么不管进行宣传的意愿多么强烈，也无法开展公关工作。

但是，有一点需要提醒大家，那就是不要未战先怯。如果在深入探讨研究之前，就认定"自己公司根本无法创造吸引大众关注的有新闻价值的热点事件"，因此贸然选择放弃宣传，那就过于草率了。我之所以下决心撰写本书，最大的理由就是我认为"在很多公司中都存在许多尚未被意识到的值得报道和宣传的高价值信息，为了充分发掘这些亮点，需要积极开展公关工作"。关于发掘自身价值的方法，我将在第三章之后进行详细介绍。

因此，在这个阶段，请大家振奋精神，不要灰心丧气、妄自菲薄！

与各业务部门保持紧密沟通的三大理由

亚马逊要求所有人员坚决落实"与各业务部门紧密沟通，共同制定目标"的原则。比如：

"作为业务部门，这一年想实现的工作目标是什么？"

"要传递的信息很多，但是应该优先表达哪些内容？"

"在特别想对外传达的信息中，有哪些新闻价值？"

"应该选择哪些对象？传递哪些信息？"

"希望公关宣传达到哪些效果？"

…………

在解决这些问题时，亚马逊的员工都需要与各业务部门的同事保持紧密沟通，并做出最终的决定。

第二章
构建信任关系，增加粉丝数量——"宣传"工作的原则

之所以这么做，具体理由有三个：

一是因为在公关过程中，"无法将0变成1"。公关部需要通过沟通交流，掌握尽可能多的信息。比如，通过询问"作为业务部门，这一年想实现的工作目标是什么"，可以了解故事的内容梗概；通过"应该优先表达哪些内容"，可以了解故事的中心主题；通过询问"有哪些新闻价值"，可以了解故事中最大的亮点。最终，通过参考这些信息，公关部可以整理出逻辑缜密、精练合理的故事。作为这一切的源头，最重要的当然就是业务部门的真实想法，因此，认真聆听是至关重要的。

二是因为"需要明确公关活动的理由和效果"。也就是说，在衡量公关活动的效果时，往往容易陷入误区，得到一个极不精确的结果，比如"从公司全局的角度来看，通过开展公关，换算下来可以节省××日元的广告费"等。

所谓"换算成广告费"是指，按照在各种媒体上投放广告产生同等曝光效果和品牌效应所需的广告费，测算并评估公关效果的方法。

通过广告代理商的估测，可以较为精细地推算出公关工作的价值，比如"在这个电视节目中，占用这么多时间进行报道，换算成广告费，有××日元的价值""在报纸的这个版面，占用这么大的篇幅，换算成广告费，有××日元的价值"。

构建长期信任关系是公关部的工作。从相反角度来看，可以说，这项工作的内容本身朴实无华，因此需要创造亮点，产生立竿见影的效果。于是，人们就经常会做出"换算成广告可以节省××日元"的比较。

但是，我们设想一下，什么样的公关活动才算是成功的典范呢？是"不进行周密计划，光凭主观喜好随意开展活动，将全部精力都放在一件事上，并引起轰动性的反响"吗？非常抱歉，我并不这样认为。为了防止出现这种局面，我们应该与相关业务部门保持密切沟通，真正明确"到底希望达到怎样的公关效果"。

亚马逊会使用指标（Metrics）这一数值，对工作一线的目标进行数值管理。如上所述，我所在的公关部按照业务主体分为九个部门。但是，无论哪个业务部门都有自己的年度目标，即"今年希望实现××数字"。在这一年中，他们会不断地制定并调整策略，明确应该采取怎样的方法，为实现目标做出贡献。

顺便提一下，与其他部门一样，负责"吹风造势"的公关部每年也有自己的数值目标。不同之处在于，公关部更重视"质量优先"的原则，而不刻意追求数字的量。

三是因为"人力是有限的"。无论是谁，或多或少都有"向社会宣传推广自己相关产品和服务，从而提升知名度"

的愿望。亚马逊是一家管理体制非常成熟的企业，在明确了应该达成的数值目标后，他们更愿意任用主观能动性强、积极主动推进工作进展的人。因此，从好的方面来说，亚马逊各部门对公关工作的需求往往非常旺盛，经常会出现"这个部门也想做公关宣传，那个部门也想做公关宣传"的局面。

但是，这并不意味着亚马逊的公关部"不管什么任务都要承接"。如上文所述，与业界的其他公司相比，亚马逊公关部的规模不大，是由少量精英组成的精干团队。因此，在选择公关重点时，我们需要格外注意。此外，在思考问题时，我们不能只站在某个特定业务部门的视角，必须提升站位，从公司全局的角度思考如何实现资源的最优配置。这就要求公关部必须与各业务部门充分沟通，真正明确"在想对外传递的信息过多时，应该如何确定工作的优先级"。

不要笼统地思考"公司整体战略"，应该"按照业务类型"逐个思考

在亚马逊任职的经历，对我而言影响非常深刻。时至今日，当企业的经营者和公关负责人向我咨询经验，请教如何才能提升公司的公关能力时，我总会对他们说下面这些内容。

首先，要以企业自身的业务目标为基础与各业务部门进行充分、彻底的沟通，也就是要明确"希望通过什么业务实

现怎样的公关效果"。如果不这样做,就无法发现应该讲述的故事,更无法挖掘出公关工作本身的意义和主线。

其次,应在"质量优先"的原则指导下,决定"公关的具体对象",也就是"针对什么进行公关"。如果不这样做,光是"跟着感觉走"或者"觉得无所谓",就会忽视重点,导致工作不聚焦,严重影响公关效果。

最后,"应按照不同业务类型,分别明确公关效果目标"。如果可能的话,我建议尽量将目标量化,通过具体的数字设定目标。这就要求应彻底摒弃"以公司整体"来评价效果的方法,分部门设定业务目标,再与结果对照,进行科学、客观的评估。如果不这样做,就无法具体检验公关效果,更无法发现下一步完善改进的有效措施。

公关活动是针对媒体、顾客等具体对象展开的,受人的因素影响很大。因此,就算制定了目标,也绝不会全部按照设想实现。但是,如果能与各业务部门充分沟通,以"可视化"的形式共同探讨并明确希望实现的目标、希望讲述的故事内容以及面向的具体对象等,就可以向着理想的方向不断推进,最终的实际结果往往会接近预期,取得令人满意的效果。

不仅要发挥对外联络功能，还要重视对内协调职能

公关（Public Relations）这个词的表面意思往往会给人造成一种误解，令人觉得公关部担负的主要职能是对外联络，特别是与媒体构建合作关系。

但实际上，公关部不仅重视维护和外部合作伙伴的关系，还非常重视与公司内同事的沟通交流。

确保亚马逊全体员工对外发言不偏离主线的措施

对企业而言，在"传递信息""对外发声"方面，最为理想的状态莫过于"无论问谁，企业的员工都以同样的口径发声"。但是，这并不意味着企业要将员工都改造成复读机，完全机械地重复上司的讲话，而是要求每位员工用心体会企业的核心理念和价值观，深刻理解其本质，并在此基础上，用自己的语言表达出来。这样就会给外部留下深刻的印象，让人觉得企业内部非常团结，"虽然对外表述的形式不完全相同，但是员工表达的意思都紧紧围绕一个主题，没有偏离主线"。

如果换个角度思考，我认为推动企业接近这种理想状态，恰恰是公关部应该发挥的作用之一。这是因为亚马逊的员工经常会接受媒体采访，如果都按照各自的想法随意表达自己的感受，必然会出现与亚马逊对外发言相悖的情况。此外，从广义来看，员工与亲朋好友对话也是开展公关的机会。因此，如果员工都能从公司的立场出发，充分利用各种机会用相同的语言宣传自己公司的优点，必然可以统一外界对公司的印象，达到"上下同心，一个口径发声"的效果。

那么，究竟应该怎样做，才能引导每位员工都进入"按同一口径发声"的状态呢？

我认为有两个步骤极为重要。

第一步是"简洁明了地提出公司的奋斗目标"。

亚马逊将"打造地球上最重视顾客的企业""汇聚地球上最丰富的商品类型"作为自己的使命任务。因此，亚马逊特意用极为简洁的方式，将自己的任务使命概括为三个关键概念："货源充足""价格实惠"以及"便捷实用"。并且，这些关键概念非常容易记忆，不会出现"不同的人做出不同解释的情况"。"货源类型是否增加""价格是否降低""产品是否好用"，这是无论是谁都可以一目了然的事情，非常易于检验评估。

第二章
构建信任关系，增加粉丝数量——"宣传"工作的原则

我认为正是因为使用了这种简洁明了的概念，亚马逊的员工才能保持统一口径对外发声，有效宣传亚马逊的优点和企业文化。

第二步是"坚持反复向员工宣传同一理念"。

虽说如此，人类的天性之一就是善忘。尽管亚马逊已经将"打造地球上最重视顾客的企业""汇聚地球上最丰富的商品类型"的使命任务，归纳成"货源充足""价格实惠"以及"便捷实用"三个关键概念，但是如果不反复提醒，员工也难以形成深刻的印象。也就是说，不管总结得多么简洁明了，只要缺少反复的宣传，遇到突发情况时，员工根本就表达不出来。

由此可见，在明确了简洁明了的目标后，应该反复向员工强调宣传，这一点非常重要。

顺便提一下，奋斗的目标代表着部门存在的意义（why），也就是说"为什么要存在"。这一观点来自西蒙·斯涅克[1]，他

---

[1] 西蒙·斯涅克（Simon Sinek），生于1973年10月9日，是一位作家，因发现黄金圈法则而闻名，曾先后在《纽约时报》《华尔街日报》《华盛顿邮报》等杂志做评论，在《赫芬顿邮报》等开设专栏。他提出的黄金圈由三个同心圆组成，这三个圈分别为内圈、中圈、外圈。内圈代表why（为什么，即做这件事的目的、动机、出发点、价值），中圈代表how（怎么做，即做这件事所需要花费的时间、空间、步骤），外圈代表what（做什么，即做这件事所需要达成的目标）。绝大部分人的思维模式是做什么（what）→怎么做（how）→为什么（why），极小部分人的思维模式是为什么（why）→怎么做（how）→做什么（what），而这种逆向思维模式才是最有效的思维模式。

对"优秀的领导者应该如何调动大家的积极性"这一问题展开了深入研究,并将成果汇总形成了著名的"黄金圈理论"。根据这一理论,与"what(做什么)"和"how(怎么做)"相比,人们更关心的往往是"why(为什么而工作)"。

也就是说,只有通过大量的员工分头开展工作,不断讲述"why"这一鼓舞士气、振奋精神的最有力武器,才能实现全员宣传公司奋斗目标的效果。与那些只有老板和高层出面宣传的企业相比,这样的企业往往能更快地与顾客建立更为牢固的信任关系。

当"顾客读不懂公司网站的主页内容"时,应引起企业的高度注意

如果企业想检验"制定的目标是否简洁明了",最简单有效的方式就是查看公司网站主页的内容。

可以邀请不具备专业知识的第三方浏览自己公司网站主页的内容,如果对方在访问后,反馈称"能读懂",就证明企业制定的目标是简洁明了的。

反之,如果对方在访问后,反馈称"在认真地浏览了一遍后完全看不明白",企业就应当高度怀疑制定的目标还不够清晰,仍须进一步优化完善。

每当有企业的管理者咨询"能否帮助我的公司提升公关

能力"时，我都会先访问一下他们公司网站的主页。在绝大多数情况下，我会遇到句子冗长、术语晦涩难懂等问题。

比如，"想在主页上表达的想法和内容太多，结果不分主次全部上传到网站上""固执地认为自己公司的技术高超、产品服务独到，为了宣传这些特性，特意使用大篇幅进行介绍，或者滥用术语，导致表达的内容晦涩难懂，不易理解"。

在这种情况下，见面之后我首先会开诚布公地直接指出问题："不好意思，我试着浏览了一下贵公司的网站主页，但是有些地方没看懂。"然后，我会列出自己不懂的地方，向对方提出问题，经过不断沟通交流，将晦涩难懂的地方转化成顾客容易理解的语言，并询问对方："你想表达的是这个意思吗？"通过这种方式对信息进行梳理整合，以简洁易懂的形式吸引顾客在最短的时间内发掘到企业的优势亮点。

在此基础上，我最后切入正题，提出："既然如此，你认为应该制定怎样的公关策略？"

因此，我建议企业实施自我检测，邀请不具备相关背景知识的第三方浏览网站内容并进行评估。

然后，当评估反馈结果为"看不大懂"时，企业应当参照本书的第四章和第五章，对自己公司希望对外传递的信息进行梳理，归纳成简洁明了的内容。

亚马逊要求员工必须贯彻落实的交流原则

亚马逊设有与公关相关的交流原则。对于确定录用的员工，亚马逊会在员工正式入职之前留出一定的时间，由上司等相关人员对交流原则专门进行介绍说明，确保员工熟知这些规定，以免出现沟通方面的问题。

首先，有一个必须遵守的基本原则，那就是"在公关部未介入的前提下，最好不要接受媒体关于亚马逊的采访"，即使熟人或朋友提问，也应该尽量避免不知不觉说漏嘴的情况。

其次，在接受采访时，还有一系列规定。比如：

"尽量使用简洁明了的方式表达自己的意见。"

"明确关键信息，并反复强调。"

"避免对外披露销售额和市场占有率等自己公司的内部数据。"

"避免与竞争公司进行比较。"

"时刻牢记自己并不是与采访的记者，而是与媒体对面的顾客在交流。"

"避免对外表述非官方内容。"

"在准备数据的情况下，必须明确标注引用出处。"

"避免谈及前景尚不明确的未来。"

"避免针对无根据的流言发表评论。"

"避免对外宣称无可奉告。"

制定交流原则的初衷是从顾客利益出发

可以说，在亚马逊所有的交流原则中，简洁明了地讲述故事是一个基本原则。在第一章中，我曾经提到亚马逊通过"当公交车驶近公交站时，如果只能对将要下车的人说三句话，你打算说什么"的提问，向员工们强调了简洁明了地传递信息的重要性。

不涉及销售额等敏感数字，是因为亚马逊认为这些数字与顾客的利益之间没有任何关系。

不与其他竞争对手进行比较，是因为亚马逊有充分的自信，认为自己就是行业的领头羊、先行者，无须过度在意竞争对手的动向，掣肘自己的进步。

此外，在接受采访时，被采访者往往会在不经意间，陷入与采访者之间的一对一交流之中，从而逐渐放松下来，侃侃而谈，披露一些原本需要保密的内容。但是，如果被采访者静下心来，从"顾客会如何看待这件事"的角度来看，就需要慎重选择接受采访时的用语。

出于同样的理由，也需要禁止对外披露非官方内容。所谓"非官方内容"，是指"可以向采访者透露，但需要保密，严禁对顾客披露的内容"。这种表态会令人觉得被采访者忽略了顾客的存在，根本不把他们放在心上。此外，在设定了"这是非官方内容……"的前提后，就算记者对外透露了相关内容，最终披露在媒体报道中，也不会追究被采访者的责任，这可以说是一种规避风险的说辞和借口。

明确标注引用数据的出处，是为了避免干扰采访者或者顾客独立思考。比如，为了证明"人们的生活方式正在发生急剧变化"而精心准备的数据，如果缺乏可靠的出处或者难以采信，就会影响亚马逊的形象和可信度。

在规定的原则中，亚马逊还特意提醒员工注意避免对前景尚不明确的未来和传言发表评论。比如，"虽然还没有正式发布，但是我认为很快就有消息了，今年秋天将上线一项新服务"的表达方式，是错误的、不可行的。正确的说法应该是"请耐心等待正式发布信息"。因为如果不这样回复，一旦发生突发事件，导致不能按照计划推进业务，就会辜负顾客的信任，令他们感到失望。再比如，当媒体或顾客提出"从同行业的其他公司传出消息，声称'亚马逊最近将要上线新服务'，不知这个消息是真是假"的疑问时，要慎重进行思考，如果贸然回答，最终可能会令顾客空欢喜一场。因此，对于前景尚不明确的未来，最好的处理方式就是不随意发表评论。

"避免对外宣称无可奉告"是亚马逊的风格

避免对外披露销售额和市场占有率等自己公司的内部数据、避免与竞争公司进行比较、避免谈及前景尚不明确的未来、避免针对无根据的流言发表评论等，这些都是亚马逊内部客观存在的沟通原则。我认为其中最能体现亚马逊特色的规定还是"避免对外宣称无可奉告"。

比如，当被问到"这项业务的销售额现在大约是多少"时，按照"避免对外披露销售额和市场占有率等自己公司的内部数据"的规定，亚马逊的员工是不能对外透露销售额数字的。但是，如果直接用"无可奉告"回复对方，就会令采访者觉得被采访者缺乏尊重和诚意。此外，这也会导致采访现场的氛围变得非常不和谐。

因此，不管采访者是否能够接受，被采访者都应该用心思考这一问题，并尽可能地提供一些可供其参考想象的信息，比如，"许多顾客都反馈这项业务非常方便，选择的人数也在不断增加""为了进一步提升这项业务的服务水平，上个月开始刚刚在××新设了相关设施""针对这项服务，引进了××和××制度，备受顾客好评"等。虽然被采访者回答的内容不能涉及对方想了解的信息,但是至少应该提前准备,梳理出一些有参考价值的内容或者可以转移对方注意力的信息,这是亚马逊对员工的基本要求。

必须考虑"如何保护企业内部业务"

公关部的员工必须时刻关注一个问题，那就是"成功开展公关后的后续工作"。

下面，我将举一个"接受电视节目采访一周后，顾客络绎不绝，上门排队就餐"的餐厅的典型实例。如果事前不进行充分准备，当宣传节目在电视上播出后，餐厅将会面对怎样的局面呢？

·食物原材料严重短缺，许多排队等候的顾客最终吃不上饭。

·店门口排起的长队妨碍交通，导致附近的居民不断投诉。

·员工们不得不长时间工作或从事平时不熟悉的工作，导致大家筋疲力尽、疲于奔命。

·由于要排长队，导致部分熟客纷纷离开，不再光顾。

·顾客在SNS上发布各种各样抱怨和不满的信息，导致餐厅的口碑一落千丈。

各种媒体在社会上的影响力非常大，得到这些媒体的宣传报道本来是公关工作的巨大成果。但是，如果企业前期准备不够充分，从业务发展的角度来看，影响力大的宣传报道也可能会带来负面影响，阻碍企业发展。

应该统筹考虑完善公司内部体制和开展公关工作

现在，我经常会接到来自各种各样的企业的邀请，希望我帮助他们提升公关能力。但是，就我个人的经历而言，接受邀请经常要承担"明明帮助企业在公关方面取得了成功，却对其发展造成负面影响"的风险。特别是那些充满想象力和创造力的管理者，从创业开始就顺风顺水，无论在发展规划、企业理念，还是在业务推进等方面，都有着非常不错的表现，简而言之，就是"有故事"的人，在他们身上出现上述风险的概率往往更高。

这样的管理者精力旺盛、野心勃勃、魅力四射，因此充满进取心和挑战意识，特别想干出一番事业。听了他们的讲述后，我很容易找到开展公关工作的方法，坚信"如果按照他讲述的故事，一定能吸引众多媒体的关注，成为大家竞相报道的焦点"。

但是，每当到了这个阶段，我都会表态说："请稍稍等待一下。"

这是因为这些管理者公司内的体制往往都还存在缺陷，无法与他们的个人能力相匹配。

被众多媒体争相报道，必然会带来巨大的反响，这本是一件非常美妙的事情。但是，凡事都有另一面，如果没有提前做好准备，就会遇到许多问题，导致本末倒置。比如，"大量咨询电话蜂拥而至，以公司的体量根本接收不了这么多的订单""为了应付大量订单，忽视了产品的质量问题，造成大量不合格的残次品和未经过检验的产品出货，影响了企业的品牌形象""员工们每天加班加点、苦不堪言""员工们疲于奔命，一个接一个辞职"等。

为了避免出现这种局面，公关人员在思考问题时，必须将公司体制与公关工作统筹起来，综合考虑，绝不能片面强调公关为先，一味吹风造势，而是应该保持冷静的心态，着力夯实基础，并适当利用公关造势，实现平衡发展。

一旦决定对外公开信息，就必须坚持到底，即使身处逆境，也要坚决落实

针对那些请求帮助提升公关能力的企业老总，我总会提出一个要求，那就是"在决定对外公开信息后，无论身处逆境还是顺境，都必须持之以恒，坚持到底"。

比如，某企业年度业绩非常出色，邀请我以公司的具体数字为基础开展公关活动。之后，这家企业得到了报纸和杂志等媒体的关注，在相关数字的基础上进行了大幅报道。但是，后来这家企业经营遇到了困难，结果业绩一落千丈。此时，媒体的记者向我提出要求，希望再次进行访问报道。对此，企业不能拒绝或消极躲避，要坚决避免出现"不行，今

年的业绩太差了,拿不出具体数字,请帮我推掉采访"等说辞。之所以这样要求,是因为这种推托的做法缺乏"一以贯之"的精神,会令人觉得自己被利用了,怀疑企业只是在自己经营状况好的时候利用媒体宣传造势而已。如果用一个词来形容,就是"过于狡猾"。与之相对,如果企业坦然接受采访,虽然可能暂时会失去顾客的信任,但是从长远来看,这种"身处逆境却不逃避"的姿态,必然会得到大家的认同,从而帮助企业恢复生机。

说到底,如果想构建长期信任关系,最终要解决的还是人与人之间的关系。无论何时,都需要大家真诚以待,这是最重要也是最基本的要求。

第三章

在亚马逊工作13年积累的宝贵经验
对外宣传公司优点的方法

在亚马逊每个发展阶段感悟到的公关内容

2003年9月,我从日本软银转职至亚马逊。亚马逊正式登陆日本,启用Amazon.co.jp是在2000年11月。因此可以说,我是在Amazon.co.jp上线三年后,正式成为亚马逊的一员的。

在第三章中,我将按照自己从事公关活动的时间顺序,围绕"灌输"和"共鸣"的主题进行阐述。之所以要按照时间顺序进行介绍,是因为我认为自己在亚马逊开展公关工作的经历和过程,对于初创企业而言,具有重要的参考价值和意义。

可以说,日本社会上对2003年时的亚马逊的印象,基本是中性的,甚至有些偏负面。2000年左右,美国正处于互联网泡沫[①]最严重的时期,随后,泡沫破灭,股价大跌,亚马逊的股票变得如同"废纸一样",几乎毫无价值。但是,在这种不利局面下,杰夫·贝佐斯依然倾尽全力加大投资力度,建设基础设施以构建与顾客之间的长期信任关系。当时亚马逊亏损情况严重,因此外界经常质疑亚马逊:"公司真的没问题

---

① 互联网泡沫,是指1995年至2001年间与信息科技及互联网相关的投机泡沫事件。

吗？"此外，当时有许多女性顾客对其他网络电商非常了解，却完全不知道亚马逊的存在。最尴尬的是即使翻遍了高级公寓的垃圾场，也找不到一个带有Amazon.co.jp公司LOGO（徽标）的快递箱。

坦率地说，在进入亚马逊之前，我也有同样的感觉。我最早听说亚马逊是在1995年，还曾经通过Amazon.com的网站购买过英文原版图书。当时，我只是觉得这种服务非常有意思，但是根本没想到亚马逊能在日本发展到今天的程度。但幸运的是，我遇到了一位充满热情的招聘专员，他积极说服我说："亚马逊是一家极具潜力的公司！亚马逊的发展模式是非常成熟的，CEO具有超凡的领导能力，今后绝对会大有作为，前途不可限量！"我被他的热情打动，后来在参加面试的时候，各位面试官又给我留下了极好的印象，尤其是后来成为我的上司的美国总公司的公关部部长，更是深深地吸引了我。于是，我下定决心争取与他们一起共事的机会，最终成为亚马逊的一员，这就是我进入亚马逊的真实过程。

我对亚马逊的发展前景深信不疑，并在这种信念的激励下坚持努力工作。但是，说句实话，当时的我根本想象不到亚马逊能达到今天这种程度的影响力、市场占有率和业务规模。这样的发展确实令人赞叹！在我看来，初创企业的发展壮大基本都要经历这一过程。因此，我想与大家分享一下亚马逊各发展阶段的特点，希望能为大家提供参考借鉴。也就是说，我从"灌输"和"共鸣"的视角出发，重新审视亚马逊的发展轨迹，明确其发展都经历了哪些阶段，并归纳总结自己对于各个阶段的基本看法，以及开展公关活动的方法。

在这里需要向大家澄清一点，我之所以要介绍这些亲身经历，绝不是卖弄炫耀自己的业绩，向大家吹嘘"我曾经做过那么多大事"。实际上，在与媒体记者接触的过程中，我也吃了不少闭门羹，许多报道和宣传稿件最终都石沉大海。因此，我的经历根本就不是所向披靡、一帆风顺的。如果我分享的经历能够为广大读者朋友提供一些启发，对我而言，就是无上的荣幸了。

亚马逊日本分公司的成长历程主要分为三个阶段

我是2003年进入亚马逊，并在2016年离职的。鉴于Amazon.co.jp正式开始提供服务是在2000年，我决定从这一年开始计算，将亚马逊日本分公司从2000年至2015年的15年时间分为三个阶段，也就是每5年左右一个阶段，进行大体的介绍。

第一阶段（2000年—2005年）："推广品牌形象"阶段

在第一阶段，许多人对电商有一定的了解，但是对亚马逊一无所知。此外，有些人虽然听说过亚马逊，却并不看好其业绩和发展前景，始终怀疑"亚马逊这样的企业真的能行吗"。尽管当时正是亚马逊积极拓展业务范围，着力增加音乐、DVD、游戏软件、家电、厨房用品等经营项目的时期，但是亚马逊留给一些人的印象还是经营图书的网上书店。当你问别人是否听说过亚马逊时，他们甚至会不假思索地回答说："哦！亚马逊啊，我知道，不就是那家书店吗！"在这一阶段中，亚马逊日本分公司公关工作的职责是以简洁明了的形式，对外宣传亚马逊的目标（发展愿景）、商业模式的优越性以及支撑企业的三大支柱（"货源充足""价格实惠"以及"便捷实用"），以期得到社会上的广泛理解和认同。此外，公关部还积极围绕亚马逊的运行体系（仓库入货、物流运输制度），对外宣传品牌特色。

第二阶段（2006年—2010年）："拓展顾客群体"阶段

亚马逊用了5年左右的时间，终于提升了品牌在日本的知名度和认可度。在第二阶段，亚马逊致力于在日本拓展顾客群体，积极向顾客提供近距离切实感受亚马逊优质服务的机会，借此宣传自己的特色。其间，亚马逊还以社会实践的名义，邀请《生活方式》杂志的编辑们参观公司的基础设施。一旦有编辑称赞亚马逊的优点，我们就立刻询问是否能在《生活方式》杂志中对亚马逊进行报道。此外，亚马逊还高度重视发掘公司内的人才，营造干事创业的良好环境。

第三阶段（2011年—2015年）："广邀卖家进驻"阶段

随着亚马逊知名度的不断提升，用户群体日益壮大，亚马逊进入了繁荣发展的阶段。在这一阶段中，希望利用亚马逊平台销售自己产品的卖家不断增多。这种模式就是可以在Amazon.co.jp网站上销售自己产品的亚马逊优享会员（Amazon Market Prime）和由亚马逊代理仓储管理、处理订单、物流发货等业务的亚马逊物流服务。因此，这一时期我们重点对卖家等商业合作伙伴开展了公关工作。

此外，随着电子书"Kindle商店"于2012年正式上线，亚马逊转型成为独立研发、销售电子书终端的制造商。在这一时期，我们费尽心思开展公关，认真研究如何将"通过Kindle终端读书"这一新兴行为推广植入人们的日常生活之中，使之成为大家休闲娱乐的重要选项。

在下文中，我将就各个时期采取的具体公关措施进行介绍。

亚马逊的压箱法宝在于"不对外开放"的仓库

2000年—2005年的第一阶段,是"推广亚马逊品牌形象"的时期。当时,亚马逊日本分公司接到位于西雅图的美国总公司指派的任务是"向日本的顾客群体宣传推广亚马逊的发展愿景和三大支柱('货源充足''价格实惠'以及'便捷实用'),取得他们的支持与理解"。

前往各部门调研,确切掌握公司内的资源情况

2003年,在以公关部负责人的身份进入亚马逊后,我做的第一件事就是前往各个部门进行调研,希望通过这种方式大体掌握亚马逊究竟有哪些资源(优势)。在听取各部门的介绍后,我大体了解了各种资源情况。

·货源类型的丰富程度超出了我的想象,不仅仅涉及书籍和报纸杂志,还有许多过去发行的二手书,可以说琳琅满目,应有尽有。简言之,这些就是所谓的长尾商品[①]。

·配送速度非常快。在日本范围内,货物在1~3日内就

[①] 长尾商品是需求不旺或销量不佳的产品。在信息不流通的年代,它们往往是被尘封的产品,长尾商品具有长尾效应。

可以到顾客手中。当时，电商发货速度极其缓慢，往往是顾客都忘记自己买过东西了，订购的商品才姗姗来迟，因此亚马逊的物流速度是其巨大的优势。

・畅销商品排名等数据真实可信。包括具有长尾效应的商品在内，亚马逊几乎可以实时掌握各种商品的销售数据，这是一个非常重要的特点。

・支持货到付款功能。在欧美国家，使用信用卡支付是非常普遍的。但是，在当时的日本，还有许多人不愿意使用信用卡支付，可以选择货到付款的支付方式，大大提高了在亚马逊购物的便利性，这也是亚马逊的一大特色。

・Amazon.co.jp的检索功能极为强大，在网站内实施检索非常便捷可靠。

・根据顾客的购买意向，使用亚马逊独立开发的算法，向顾客推荐最合适的商品，这也是亚马逊的优势之一。

・具有顾客审核评价功能。顾客可以查看买家实际购买后的评论，从而获得公平可靠的信息。

我认为这些资源对于实现"货源充足""价格实惠"以及"便捷实用"的要求，具有重要的意义和推动作用。

媒体最大的疑问是"亚马逊怎么做到配货速度那么快的"

在公司内开展调研的同时，我还充分利用之前结交的媒体朋友，发挥资源辐射优势，征集他们关于亚马逊最想了解的问题，比如"你对亚马逊的印象怎么样？""你对亚马逊的什么事情最感兴趣？""凭直觉，你最想了解亚马逊的什么？"

结果，当时的媒体记者最想了解的关于亚马逊的问题就是"亚马逊怎么做到配货速度那么快的"。他们纷纷表示，如果能创造机会解答他们心中的疑惑，就可以趁势进行采访报道。

有鉴于此，我进行了精心的准备，对需要报道的内容进行了细致梳理，形成了清单，即："公司想宣传的内容（'货源充足''价格实惠'以及'便捷实用'）""公司的优势（仓库、物流、支付方式、数据……）""采访方希望了解的内容（为什么配送的速度那么快，为什么产品种类那么全，为什么那么方便实用）"。

物流中心才是亚马逊的关键部门

在与各部门的人员进行深入细致的交流后，我发现自己最感兴趣的是亚马逊的物流中心（Fulfillment Center）。在2003年时，亚马逊日本分公司只有一座物流中心，位于日本千叶县市川市。2005年时，亚马逊又在附近新建了一座物流中心。也就是说，我当时了解的还是物流中心处于初期阶段的情况，各方面还在不断完善发展，与现在不可同日而语。即

第三章
在亚马逊工作13年积累的宝贵经验 对外宣传公司优点的方法

便如此,整个调研过程还是令我感到极为震撼,总是情不自禁地发出赞叹之声。

当时,人们对电子商务的评价基本都是极为负面的,比如"如果今天卖不出去产品,恐怕明天这家电子商务公司就会倒闭"。这是因为从顾客的视角来看,亚马逊有的只不过是显示器上的图像而已,顾客根本无法想象在网络背后工作的人们和大量的设施。并且,顾客对于电子商务还抱以怀疑态度,经常质疑"它们是否值得信任"。

但是,在听取情况介绍后,我充分意识到巨大的物流中心中存储着不计其数的商品,包括分拣员在内的数以百计的员工终日辛勤工作。对此,我真切地感受到"明明拥有这么坚实的基础设施和那么多吃苦耐劳的员工,为什么不对外宣传呢?如果光是这样默默无闻,真的就太可惜了"。

此外,亚马逊还秉承"争分夺秒尽快将商品送到顾客手中"的宗旨,下大力气研究物流中心内的商品摆放方式,有效提高了工作效率。我认为将通过"制度化"获得的利润投资到基础设施建设和降低产品价格上,并最终回馈顾客,是对外讲述亚马逊三大支柱,即"货源充足""价格实惠"以及"便捷实用"等故事的最佳资源。于是,我不由得暗自喊了一声"终于找到了",内心感到无比兴奋,觉得自己找准了开展工作的抓手。经过慎重的思考,我将下阶段工作重点定在了"邀请媒体记者到物流中心采访"上,因为"如果不了解物流中心,根本就无法讲好亚马逊的故事"。

不过,我当时又遇到了一个难题。物流中心是亚马逊最核心的关键部门,因此安保防护制度非常严格,对于安全的要求极高,就连亚马逊的员工都不能随意进出,可以说是"不对外开放"的重地。

作为公关部的负责人,我与物流部负责人之间的谈话进行得非常愉快。但是,当我提出"能否进入物流中心参观一下"的请求时,对方却感到非常为难,结结巴巴地对我说:"这个,恐怕……"

从公关部负责人的角度来看,自然"希望更多人了解熟知"物流中心,这样才能更好地发挥宣传作用;与之相对应,从物流中心管理者的角度来看,物流中心是亚马逊核心技术聚集的场所,自然"希望尽量对外保密"。由于物流中心的定位相当于亚马逊的心脏,因此我和物流部负责人在认识上出现了分歧。

颠覆"分类整理"常识的合理性

当第一次进入自己千方百计想参观的物流中心时,我被眼前的场景震惊了!用一句话来总结,亚马逊的物流中心彻底颠覆了我对"分类整理"的认知。

比如，仓库中有一套书名为《A》的书籍，全套共计10册。按照常理来说，在分类摆放时，往往会在第一册的旁边放上第二册，然后接着摆放第三册，以此类推，一本一本地归置到同一个地方保管。但是，在亚马逊的物流中心内，管理方式完全不同。《A》书的10个分册分散在仓库的不同角落，留给人的印象是第一册在货架的第三排一号位，第二册在货架的第五排四号位，第三册在第七排的二号位……乍一看，可能会觉得这么摆放非常混乱，在搜索商品时容易造成失误和遗漏。但亚马逊之所以这么做是有自己的理由的，"即使同一套书的册数增加了，也不用考虑重新归类，随便找个空的地方摆上就可以了"，"不同分册之间有一定的距离，在挑选时就不容易搞混，可以降低误选的可能性"。在听过物流中心负责人的解释后，我也感到确实有道理，并从内心深处认同了这种整理方法。

那么，应该如何提高拣选商品的效率呢？我认为解决这个问题的答案就是亚马逊独立开发的最新型导航系统。

物流中心有数百名分拣员。他们一边看着比智能手机屏幕稍大的终端画面，一边推着装载商品的手推车。在终端上装有亚马逊独立研发的软件，界面上显示着下一个应该挑拣的商品或商品所在的货架编号。如果分拣员按照提示拣选物品，就可以按照系统推荐的最佳路线，高效完成分拣任务。

在拣选多件物品时，分拣员也可以按照导航分拣送货，效率非常高。对当时的我而言，他们看起来简直就是手持"魔法地图"在工作，令人感到非常震撼。

虽说如此，如果分拣员奔跑的话，还是会遇到同伴之间迎头撞上的情况，非常危险。因此分拣员一直秉承"安全第一"的原则，严肃、有序、认真地分拣商品。从我个人的角度来看，感觉分拣员像"在会员制仓储量贩店开市客（Costco）静静地购物，挑选自己心仪的商品一样"。

从丰田公司的"自我完善"中学到诀窍的物流中心

此外，畅销商品和长尾商品的仓储方法也完全不同。那些每天出货量非常大的畅销商品，当天就会出库，根本没必要进行分类。因此，它们被放在分拣员容易拣选的地方，并在货盘上打开包装箱。然后，由分拣员依次从中取出商品，并放在手推车上运走。只要看一下容易拣选地方的包装箱，就能发现亚马逊当前最畅销的商品，可以说是一目了然。对我而言，这也有很大的参考作用，有助于我发现下一个宣传工作的切入点。与之相反，那些偶尔才有顾客下单的长尾商品，则被分类存放在相对畅销商品而言不易拣选的地方。

如上所述，亚马逊物流中心下了许多功夫，花费了大量精力进行研究，最终发现了"如何快速、正确地向顾客发货"的有效制度，并积极做出了完善和改进。

杰夫·贝佐斯深受丰田公司"自我提升精神"的影响。有一次，他在接受访问时说："亚马逊在全球的各个分公司都在举办能力提升活动，积极完善制度。有一次，亚马逊邀请了一位曾经在丰田公司工作过的导师给员工培训，帮助员工提升工作能力和业务水平。我也参加了培训。当时，培训现场有间房间里面满是灰尘。因此，我就拿起工具准备打扫卫生。这时，那位导师走过来对我说：'贝佐斯先生，我非常赞成保持房间的清洁卫生。但是，你为什么要用笤帚来打扫呢？为什么不想办法彻底去除污渍呢？'这是一个非常好的问题，因为如果发现了落灰的根本原因，就不必再使用笤帚打扫了。"

可以说，杰夫·贝佐斯从日本企业的身上，学习到了"制度化"的重要性。

位于日本千叶县市川市的亚马逊物流中心，充分借鉴了当时号称世界上最先进的日本汽车制造商和家电制造商常用的制度，学习到了许多先进的理念和诀窍。此外，我认为在零售行业一线，亚马逊物流中心的制度是非常先进的，并且具有一定的独创性。因此，我产生了一个想法，"之前虽然许多记者知道亚马逊有这么一个物流中心，却没人亲眼见过。如果能邀请他们进入物流中心内部，让他们亲眼看到物流中心的具体运行情况，必然会激起共鸣，赢得信任！这样一定能实现理想的公关效果"。

首家上门采访的是《读卖新闻》报社的摄影部

由于亚马逊物流中心是通常情况下不对外开放的关键部门，因此，想整体参观是不可能的。但是，通过展示物流中心内部的部分场所，可以对外彰显亚马逊的优势。此外，如果一味回避，采取遮遮掩掩的态度敷衍，反而容易导致对方的怀疑和不信任。

物流中心非常重视"安全"这个关键词，肩负着尽快将商品配送到顾客手中的任务。有鉴于此，物流中心的管理者对外来人员进行访问或参观的请求非常抵触，心存疑虑。但是，如果通过媒体等对外展示物流中心内部的情况，可以有效地宣传亚马逊的愿景、三大支柱和基本理念，是一个理想的公关机会。

在亚马逊倡导的14条领导力准则中，有一条是"Dive Deep"（深入思考）。对当时的我而言，这个矛盾就是值得深入研究的问题。于是，我就下定决心一定要促成采访，并主动去游说物流中心的管理者，我说："我不会勉强你们开放那些确实不能对外开放的地方，但是为了证明亚马逊具备强大的物流配送能力和商品汇集能力，我希望您允许媒体进入物流中心参观，并报道物流中心是如何进行出货作业的。"经过坚持不懈地努力，采访指南终于通过了审批，采访计划最终成功落地。

我当时设计的采访路线和项目包括：分拣员手持"魔法地图"有条不紊地分拣商品的情景，海量商品存放在占地62000平方米的仓库中的情景，包装人员在传送带上对快递包裹进行快速包装、粘贴地址信息并逐个送入出货区域的情景，等等。

最先来访的是号称日本发行量第一的《读卖新闻》报社摄影部的记者。一进入物流中心，他们就受到了极大的震撼。伴随着一声声的赞叹，他们拍摄了大量关于物流中心工作场景的照片，后来在《读卖新闻》上刊登了充分宣传亚马逊特质的照片和报道。

读者在看到报道后，反响非常强烈。最为明显的效果就体现在人才招聘方面。物流中心附近的居民纷纷前来咨询，说："我看了报道，感觉亚马逊的工作环境真的令人感到安心、舒心，因此萌发了到这里工作的想法，不知道能不能行。"一旦亚马逊发出招聘通知，前来应聘的人员数量也随之显著上升。

邀请自己信任的媒体前来采访，认真报道公司的优点和亮点，结果有力促进了人才招聘工作。对负责公关工作的人

89

而言，这就是最大的褒奖，令人感到无比荣幸和兴奋！

选择的首个接受采访的部门是"安全道场（安全培训教室）"

在成功邀请媒体的记者们上门采访后，我最先选择接受采访的部门就是物流中心内的"安全道场"。

"安全道场"是针对新入职员工进行岗前安全教育培训的场所。"安全道场"内设有相关培训课程，帮助分拣员等在物流中心内工作的员工掌握正确的发声方法、货物的托举方法、工作场所的安全规定等，以便安全生产。此外，培训师还会进行一系列展示，帮助受训员工了解物流中心内使用的工具和交通规则。

无论当时还是现在，亚马逊都坚持"为你工作的人也是'顾客'"的理念，所以亚马逊采取多种措施避免员工身处险境或遭遇事故。因此，物流中心特别注意安全问题，在内部设有许多安全防护设施和规定，以确保员工的绝对安全。比如，为了避免员工在转弯时发生相互碰撞，特意设置了转角镜；规定靠右侧通行；规定工具必须存放在指定位置；为了避免剪刀、裁纸刀等丢失，全部用皮筋或绳子拴起来，并规定用后放回原位；等等。此外，由于仓库的面积实在太大，员工总是容易不自觉地跑起来，因此物流中心特意规定"严禁在仓库内奔跑"。关于这些规定，我们要求采访的记者

第三章
在亚马逊工作13年积累的宝贵经验 对外宣传公司优点的方法

们也要严格落实执行，确保不发生意外。

之所以在正式开始采访之前，先将媒体的记者们带到"安全道场"，我主要出于下述三点考虑。

一是与他们分享一线的相关安全知识和注意事项，提升其安全意识，避免在采访过程中干扰作业员工正常工作，确保如期向顾客发货。

二是提前向记者们宣传安心、安全的工作环境，做好相关铺垫，确保采访和摄影拍照工作顺利进行。

三是希望他们理解"亚马逊的快递速度之所以如此快"，其原因不止一个。

在开展公关工作时，我经常要面对媒体记者们的提问，比如，"如果让你用一句话概括，你觉得亚马逊物流速度在行业内处于绝对领先地位的秘诀是什么？""如果让你用一点进行总结，你觉得关键因素是什么？"等。我非常理解媒体记者们希望通过总结要点了解事物本质的愿望。但是，在现实中，"快速投递"的目标并不是仅靠一两个因素就能实现的，需要每个流程都"至少提高一些效率"，并不断重复改进，才能持续进步。因此，我们是无法用一点总结出关键因素的。通过在"安全道场"先进行说明展示，可以有效说服记者们，从而显著降低他们提出"能否用一点进行总结……"之类的问题的频率。

亚马逊如何公关
amazon

《国王的早午餐》[1]栏目也曾报道过物流中心提前预存新书《哈利·波特与凤凰社》

"天哪！按照这种速度，还有什么问题不能迎刃而解的？"

"天哪！连这种商品都能卖得动啊？真是太不可思议了！"

现场采访的记者们感到震惊不已。之后，他们又通过新闻稿件将自己在现场的所见所感真实地传递给了听众和读者们，结果"一传十，十传百"，造成了轰动效应。受此影响，之后前来物流中心采访的各种媒体络绎不绝，为亚马逊开展公关工作创造了良好的局面。

为了配合《哈利·波特与凤凰社》正式发行，日本TBS（东京广播公司）的王牌综艺节目《国王的早午餐》也曾受邀前往物流中心进行访问。

有一次，我与物流中心的员工闲聊时，谈到了关于哈利·波特的话题。于是，我试着问了问："咱们进了多少册《哈利·波特与凤凰社》啊？"他们直接回答"可以堆满一个长25米的泳池"，这个结果令我大吃一惊，不禁产生了亲自去一探究竟的想法。因此，我主动联系了当时广受欢迎的《国王的早午餐》栏目组，他们非常感兴趣，希望前往采访。

物流中心的员工们将《哈利·波特与凤凰社》收集起

---

[1] 《国王的早午餐》（King's Brunch）是日本东京广播公司推出的一档王牌综艺节目。该节目内容非常丰富，涉及所有流行事物，每个单元都有不同的主持人。

来，堆放在一个相当于长25米泳池大小的地方。记者们通过照相机拍摄了相关画面，并配上"《哈利·波特与凤凰社》的出货准备已经完成！各位粉丝请静候佳音吧！"的背景音一同播放。由于这是亚马逊主打的商品，因此，在节目播出后，大批观众纷纷访问亚马逊的主页直接购买，促成了这本书的热卖。

存放黑胶唱片的货架每天都在增加

在亚马逊日本分公司发展的第一阶段中，我几乎参与了所有的现场采访，负责同行保障。由于经常出入物流中心，我可以敏锐地发现商品销售趋势的变化和那些出人意料的畅销"黑马商品"。因此，对我而言这项工作是充满趣味的。"这种商品也能卖出去？""连这样的货也能那么走俏？"我每天都会抱着这些疑问，向物流中心的人求证，然后返回公司办公室与实际销售数据进行比对，确认我关注的商品是否真的畅销。

有一次，我发现物流中心内放置黑胶唱片的货架数量与之前相比多了许多，并且持续增加。于是，我就去问物流主管："黑胶唱片真的这么畅销吗？"他很坚定地回答"是的，确实非常好卖"。

由此，我开始认真思考这一发现是否可以运用到亚马逊

亚马逊如何公关
amazon

的公关工作中。具体操作时，我们可以宣传说"亚马逊经营的商品类型非常全面。即使大家认为已经被CD取代的黑胶唱片，也种类齐全、应有尽有。并且，我们每天还在不断进货补充，确保满足广大发烧友的需求"。

顺便提一下，在距离东京都中目黑车站步行10分钟左右路程的地方，有一家名为"华尔兹"（Waltz）的卡带专卖店，那家店的老板是我的好朋友角田太郎先生。这恐怕是目前世界上唯一的卡带专卖店了。实际上，角田太郎是我在亚马逊就职时的同事。他曾经在亚马逊工作过14年，其间，他充分运用自己职业生涯积累的经验，专注于CD和DVD业务运营，在各项工作进入正轨后，开始转移方向负责书籍、日用品等领域的业务。但是，他在45岁的时候突然醒悟，觉得"如果不能追求自己真正想实现的梦想，人生就没有任何意义"，于是下定决心辞职，开始创业，经营自己最热衷的卡带专卖店。

一提到亚马逊和卡带的组合，许多人都会感到奇怪，会问："什么？这两者之间不是截然相反、相互矛盾的吗？"但是，角田太郎对此的判断却是"卡带和黑胶唱片等复古商品肯定会极为畅销"。我想他之所以会做出这样的判断，肯定是在亚马逊工作时期积累的经验发挥了关键作用。

"灰姑娘"登上舞台！
架起顾客与亚马逊之间的沟通桥梁

经历了2000年—2005年的第一阶段——"推广品牌形象"阶段，亚马逊正式进入了第二阶段——"拓展顾客群体"阶段。在这一阶段中，亚马逊公关工作的重点是"提供更好的服务体验，争取让顾客切实感受到亚马逊的优点"。

以五周年纪念为契机，在《奋进的周一》[①]节目中赢得大型专题报道的机会

作为拉开第二阶段序幕的重要事件，2006年在TBS每周日晚7时30分的王牌节目《奋进的周一》中，整整播出了时长30分钟的亚马逊专辑。对我而言，这是令人印象至深的重大成果。

当时亚马逊的顾客主要是商务人士。他们每天忙于工作，根本没有时间逛街，经常会利用零碎时间浏览Amazon.co.jp网站。由于亚马逊具有产品类型丰富、展示界面友好、

[①] 《奋进的周一》是TBS的王牌节目，节目内容涉及社会生活百态，从家庭节约的小妙招到国家层面的经济理论，在营造笑料的同时，向观众提供赚钱的各种信息，备受观众欢迎。

亚马逊如何公关
amazon

使用方法简单、物流高效迅速等多种优势,因此备受这一人群的青睐,他们成为亚马逊的忠实顾客。此外,这些顾客又有极强的影响力,他们通过博客等方式,不断对外宣传亚马逊的优点。

由此,我发现了可以针对更多商务人士开展公关工作的机会。

《奋进的周一》的导演是我在之前工作时就认识的熟人。从2003年正式转职亚马逊开始,我就一直邀请他"一定要来采访一下亚马逊"。但是,当时的亚马逊在行业内还是默默无闻的小角色。加之亚马逊内部明确规定"禁止对外披露销售额等数字"。因此,我一直没有得到确切的回复,他总是敷衍说"这个,我再看看吧"。

就在这样反反复复的过程中,2005年10月,Amazon.co.jp迎来了上线服务五周年纪念日。于是,我又一次向他发出邀请,说:"请您务必来看看我们公司的物流作业情况,顺便可以报道一下我们五周年纪念仪式,并对各个部门的员工进行面对面的采访。"这次,他没有拒绝我,很爽快地答应说:"好的,那我就过去采访一下吧!"

这个节目的反响非常强烈。它很好地解释了"向亚马逊下订单后,为什么能那么快就收到货物"的原因,消除了人们心中的疑虑,并拓展了用户数量,吸引更多的人使用亚马逊购物。此外，由于节目中还抛出了"这是一群什么样的人按照什么样的想法在工作"的话题，因此达到了对外宣传亚马逊企业文化的效果，进一步加深了人们对亚马逊的认识和理解。

在亚马逊中茁壮成长的专家

此外，在第二阶段中，公关部将工作重点放在了如何挖掘公司内部资源上，具体来说，就是发现"公司内部谁在讲述故事时更有说服力和感染力"。

在这一阶段，来自各行各业的大批精英纷纷加入亚马逊，他们背景不同、履历各异、各具专长、经验丰富。我们希望通过自己的努力，帮助这些人进一步成长，真正将他们培养成为连接潜在顾客群体与亚马逊的桥梁。

我们一直鼓励员工"积极讲述自己在所负责领域工作时感受到的快乐与充实"。在这一过程中，我们酝酿出了一个非常成功的计划，那就是《每日新闻》报纸的连载报道。负责亚马逊网页制作和内容开发的"网络跟单员"（Site Merchandiser）与日本国内的大型报纸杂志紧密合作，定期在报纸上介绍他们推荐的书籍，以解决读者反映的烦恼和意见。

除此以外，我们还安排那些对电影和电视剧非常了解的员工作为嘉宾上电视节目；协调那些对饮用水知识比较了解的员工接受报纸采访，分析饮用水的变化趋势等。通过这种方式，我们在亚马逊的员工中培养了一批小有名气的专家。

公关部还经常向媒体吹风，宣传推介公司内的这些领域专家。这样一来，他们得到了在媒体上露面的机会。不仅如此，还有许多媒体主动提出要访问他们或邀请他们上节目。比如，专题访谈节目发出的"谈谈现在哪种水最受消费者青睐"的邀请；面向家庭主妇的杂志提出的"希望提供'畅销水排名'数据"的需求；网络媒体提出的"希望分析一下最近的DVD销售排行数据"的邀请等。

这样一来，我们制定了发掘公司内的优秀人才"积极对外分享快乐体验"的方针，通过这种方式向更多的人讲述了亚马逊的故事。这样不仅可以提升顾客满意度，"令使用亚马逊服务的人感到自己'得到实惠'了，还能令人真正体验到'开心''愉悦'等"，可谓一举多得。

我听到公司内有"灰姑娘"的传言后……

在公司内广泛寻找人才的时候，我听到了一件非常有趣的事情，那就是"公司内有一位被称为'灰姑娘'的女性员工"。

据说，这位女员工在物流中心工作，属于时装部门鞋靴业务部。这引起了我极大的兴趣，我迫不及待地想去找她聊聊。

这位女员工的工作是在线进行"可视化"展示，向顾客介绍鞋子的鞋号大小和上脚的真实感受。在与她攀谈后，我了解到当年她参加了时装部门组织的"试鞋员"的招聘活动，并从多位应聘者中脱颖而出，被顺利录用。据说，她当时被录用的最大原因就在于她的脚长、脚围和腿肚围恰好是日本人的平均尺寸。她每天都会试穿新入库的36码（23cm）的女鞋，并记录实际上脚后的感受和舒适度等，比如"这双鞋太挤脚了""这双鞋的尺寸稍微大了一点儿，脚后跟又太挤了"等。即使同为36码的鞋，由于厂家不同、形状不同，上脚后的感受也完全不同。针对无法实际试穿的在线购物，许多顾客往往选择敬而远之，究其原因无外乎"不清楚实际穿着时的感觉，难以下决心购买"。为了解决这一问题，亚马逊在穿着感受的"可视化"方面下了一番功夫，最终取得了理想的效果。可以说，"'灰姑娘'的存在本身就是讲述亚马逊故事的最好题材"。

当时，在亚马逊，与书籍和家电等其他部门相比，服装和鞋靴等时装部门的知名度还相对比较低，之前的顾客群体也都是以男性为主。但是，我觉得亚马逊应该做出改变，加大向女性顾客的宣传力度，赢得她们的信任和支持。因此，在征得她的同意后，我开始启动了相关的公关宣传计划。

作为参观活动的压轴戏，安排"灰姑娘"闪亮登场

我选择以"成人社会实践活动"为切入点，向女性时尚杂志和女性生活方式杂志的编辑及供稿人发出邀请，询问他们"能否拨冗参加亚马逊的时尚参观活动"。在具体组织时，我租了一辆大巴车，邀请报名参加的人在亚马逊日本分公司东京总部的门口集合，并亲自迎接他们。之后，我带领参观团乘坐大巴前往亚马逊物流中心。

抵达后，我带着他们参观位于物流中心内的时装部门，重点关注鞋靴商品。在参观过程中，我插空介绍说："实际上，亚马逊也经营这么精美的奢侈品和小众商品，请大家多多关注哦！"

整个参观的压轴戏就是"灰姑娘"。

我特意安排她在物流中心一个角落的固定位置上逐个试穿将要入库的36码的新鞋，并记录穿着的感受和特点。然后，我引导参观团站在稍远一点儿的地方观看这一场面。结果，参观团的成员们感到震惊不已，纷纷瞪大了眼睛盯着"灰姑娘"。我赶紧对他们开展公关，趁机解释说："在网上买鞋时，顾客最在意的恐怕就是看中的鞋子是否真的适合自己

第三章
在亚马逊工作13年积累的宝贵经验 对外宣传公司优点的方法

吧？常常会面对'我的脚面很宽，买的鞋总是挤脚''总是顶到大拇脚趾，疼得不得了'等烦恼，她的工作就是不厌其烦地亲自试穿，检查鞋子的舒适感和大小尺寸，从而多少缓解顾客的疑虑、不安和不满。经过长期实践，她现在已经成了这方面的专家，被人们称为'灰姑娘'。"

于是借着工作的机会，我带她和参观团的成员们分别打了招呼，并让她向参观团的成员们递送了自己的名片。她的名片上明确标注了"灰姑娘"的头衔。这个名片是开始参观前，我抱着好玩的心态制作的，反而取得了特别的效果。

最终，参观团的成员们纷纷表示"没想到亚马逊的工作竟然做到了这么细致的程度"。可以说，我成功地利用"灰姑娘"这个充满冲击力的名字，让人们深刻记住了亚马逊。

公司是一座宝藏！聚焦重点人才，策划属于他们的故事！

公关部将亚马逊内部存在"灰姑娘"这样的角色作为亮点，创作了一个完美的故事。将关注的焦点聚集在公司内的重点人才上，是值得每个企业、组织借鉴的有效方法。

如果能够发现公司内各种各样的人才，比如，"专注于××开发数十年"的人、"经历过各种职位历练晋升至管理层"的人、"在自己感兴趣的某个领域做到极致，成为绝顶高手"的人……帮助他们提升对外宣传能力和亲和力，必然可以调动其主观能动性，按照公司的意图讲述故事，并协助公关部开展公关活动。这难道不是一个两全其美的方法吗？

在此，我们一起来思考一下公关活动的效果。

将"灰姑娘"作为压轴戏的"成人社会实践活动"的最终结果是赢得了部分记者的关注。其中，一部分杂志最终刊登了关于"灰姑娘"的报道，另一部分杂志则没有任何反应。

但是，我认为能够争取到这种局面，已经算是非常成功了。究其原因，是因为参加了活动的人开始真正了解到亚马逊的苦心和用心，纷纷反思"真没想到亚马逊竟然经营了这么多时装项目""真没想到亚马逊这么在意顾客，为了提升顾客满意度竟然将工作做到了这么细致的程度"。也就是说，此次活动作为构建长期信任关系的开端，成功迈出了第一步。

实际上，通过这次"成人社会实践活动"的机会，我结识了许多时尚界的知名人士。此后，亚马逊的时装业务部开设了自己的公关室，向媒体出借自己的商品。他们主动联系杂志的造型师说："只要在服装和鞋子的赞助商一栏上写上'亚马逊'的字样，就可以向你们无偿出借服装。"于是，各大时尚杂志就在赞助商那一栏，写上了"服装制造商和亚马逊两家的名称"或"亚马逊一家的名称"。

服装厂商往往都设有公关室，对外出借服装和鞋子的情况并不罕见。但是，在零售业中，只有伊势丹百货商店才这么做。至于电商企业，亚马逊的做法则属于破天荒的创举。可以说，对亚马逊而言，这是"与女性杂志的编辑和读者构建长期信任关系"的重要一环。

可以休"宠物假"的公司

在第二阶段的公关活动中，还有一件令我印象深刻的事情，那就是设置"宠物假"。2010年，亚马逊开设了"宠物用品商店"，我讲的故事就发生在那段时间。

亚马逊本身就是一家对宠物非常友好的企业。当我在职期间（不知道现在具体情况如何），位于美国西雅图的亚马逊总公司甚至允许员工带着宠物狗上班。虽然在日本，从大厦的安全角度考虑，员工是不能像美国那样带着宠物狗上班的。但是，我认为许多员工之所以加入亚马逊，都是因为受到了这种宽容的企业文化的吸引。

因此，我就产生了一个大胆的想法，是否可以将这个因素作为切入点，吸引媒体记者来报道公司新开设宠物用品商店的新闻。

如果只是宠物用品商店开业，肯定无法成为新闻。这是因为对想对外宣传信息的一方而言，觉得"我们进军了一个新领域，这是一件大事"，是完全可以理解的。但是，对信息的接收方而言，只会觉得"原来如此……开始经营宠物用品了，可是读者和听众们对这个信息应该不会太感冒，就算我认真地写一篇报道，他们也不会太在意，肯定是看完就忘了"，并不会对此产生报道的兴趣。

于是，我想换个角度，向他们放出风说："允许带着宠物狗上班的亚马逊新开设了宠物用品商店。"然而，这还是显得缺乏力度，无法达到预期的效果。因为这是亚马逊总公司的情况。当我反复思考还有什么好主意时，灵光闪现，突然想到是否可以单独报道一下"亚马逊日本分公司允许员工休'宠物假'"的新闻呢？

这里之所以用"突然想到"这个词，是因为当时，亚马逊日本分公司内还没有这样的制度。

因此，我立即与人事部进行了沟通，向他们征求意见说："如果员工以宠物有事为理由申请带薪假期，是否可以批假？如果使用'宠物假'的表达方式进行公关宣传是否合适呢？"结果征得了对方的批准。究其原因，是因为这个规定并不会增加带薪休假的总天数，因此，很轻松地就获得了人事部的批准。从另一个角度来看，也可以说因为亚马逊本来就有"对我们而言，宠物是极为重要的伙伴"的价值观，所以这个方案才能得到通过。

经过这一系列的波折，终于在Amazon.co.jp网站上开设了"宠物用品商店"。在进行宣传时，我们同时用到了下述表达方式：

· 亚马逊宠物用品商店正式开业了；

· 亚马逊是一家对宠物非常友好的企业，在亚马逊总部，员工可以带着宠物狗一起上班；

· 在亚马逊日本分公司，设有名为"宠物假"的带薪休假制度。

结果，凭借亚马逊的企业文化和"宠物假"的噱头，吸引记者对亚马逊宠物用品商店开业的情况进行了报道，有的媒体甚至完全忽略了亚马逊宠物用品商店开业的主题，直接对亚马逊的企业文化和休假制度进行了详细报道。

这是一个经典的案例，将宠物用品商店开业和可以带宠物狗上班这两个点紧密结合在一起，又增加了一个"宠物假"的亮点，最终形成了一个精彩的故事，达到了理想的宣传效果。

开始销售 Kindle，诚邀各路卖家共同发展

经历了2000年—2005年的第一阶段——"推广品牌形象"阶段、2006年—2010年的第二阶段——"拓展顾客群体"阶段，从2011年开始，亚马逊进入了第三阶段——"广邀卖家进驻"阶段。在这一阶段中，亚马逊经营的商品领域日益增加，来自各行各业的商务伙伴也纷纷进驻共谋发展。

这一时期亚马逊发生了一系列重要的事件，需要认真研究分析。比如，扩充"Marketplace"（亚马逊集市）业务拓展商品类型、开始销售"Kindle Contents"（金读内容）、遭遇东日本大地震等。

2011年前后，亚马逊正在集中全力推广"Marketplace"服务业务。在"Marketplace"服务中，亚马逊以外的卖家可以与亚马逊一样，利用Amazon.co.jp的平台销售自己的商品。

按照常规思维，大家可能会觉得卖家与亚马逊之间不是竞争对手关系吗？在这种模式下，亚马逊不是吃亏了吗？但是，实际情况并非如此。在现实经营中，卖家越多意味着Amazon.co.jp上的商品种类越丰富，因此吸引的顾客数量也就越多。这完全符合杰夫·贝佐斯当年在纸巾上写的所谓"良

性循环"的商业模式的设想。

但是，当时的实际情况是，平台上卖家的数量远远不足，离我们理想中的运营情况还有很大的差距。因此，亚马逊日本分公司亟须拓展进驻的卖家数量，哪怕只是一个普通卖家，也要尽全力去争取。

此外，对Amazon.co.jp而言，2012年正式开始销售Kindle也是一次意义重大的升级转型，标志着亚马逊日本分公司又迈上了一个新的台阶。在此之前，亚马逊日本分公司主要经营商品采购、销售之类的零售业务。

但是，随着Kindle业务的启动，亚马逊日本分公司正式开始销售自己公司独立开发的电子书终端，从而开辟了作为制造商的新业务领域。

2011年发生了令每个日本人都刻骨铭心的东日本大地震。在这种局面下，亚马逊反应迅速，开始认真研究"面对危机应该何去何从"的重大课题。

将奄美大岛香甜可口的本地水果推广向日本全国

我想先从与"Marketplace"业务相关的公关活动开始谈起。

听起来可能有些陈词滥调，为了拓展"Marketplace"的卖家，我们先关注到的就是成功案例。我们从公司内的负责人那里,听到了许多关于成功案例的故事,比如,"在城镇商业区经营磁带店的老伯高兴地感谢说,多亏了亚马逊,我的营业额增加了不少"。

当时,"Marketplace"营业部的员工们每天都在日本全国各地奔波周转,马不停蹄地召开各种推介会,向人们宣传说:"如果可以的话,能不能试用一下我们公司的'Marketplace'服务?"无论是山区还是孤岛,都能看见他们忙碌的身影,遇到困难就想办法解决,没有会场就借用村委会或镇政府的办公场地。那么来参加推介会的都有些什么人呢?他们绝大部分都是将货物直接卖给当地直营店的人,可以说他们经营的产品都是"带有浓厚地方特色的土特产",只能卖给那些懂得它们价值而慕名前来的顾客。

我认为"这实在太厉害了,极具宣传价值"。尤其是,通过亚马逊的帮助,将那些只有当地人才知道的商品,送到日本各地的顾客手中。这一过程的每个流程都非常有意义。因此,我就主动向媒体记者发出邀请,建议他们在加大推介当地美食项目的力度时,"通过近距离报道的方式,连续跟踪'卖家认可,开始销售,取得成功'的整个流程"。

大家可以想象一下,日本各地丰富的自然资源、源自其中的丰富商品、从开始经营到实现目标的整个过程……无论哪个卖家的经历,都可以变成一个精彩的故事。庆幸的是,媒体的朋友们纷纷接受了我的建议，进行了各种各样的近距离采访，带来了强烈的反响。

给我印象最深的是日本鹿儿岛县奄美大岛一家经营当地水果的小店。我们听说这家店的店主对"Marketplace"非常感兴趣，就向他发出"如果可以的话，能否接受电视节目采访"的邀请，结果他很愉快地接受了。后来，日本电视台[①]的《News Every》（每条新闻）栏目对他进行了近距离采访。该节目完整播放了店主在"Marketplace"上经营的整个流程，即参加推介会听取介绍→决定选择"Marketplace"销售自己的商品→开始在"Marketplace"上销售商品→取得了良好的销售业绩。节目播出后，观众们的好评如潮。无论是卖家、媒体还是亚马逊，都得到了满意的结果。但是，我认为最重要的还是向观看节目的观众们——亚马逊现在或未来的顾客提供了宝贵的一手信息。

"关注后续效果如何"的"跟踪回访"也是非常重要的

针对"Marketplace"服务，公关部进行了大量的"跟踪回访"。这是因为随着"Marketplace"知名度的变化，这项服务的优点也在不断发生变化。

[①] 日本电视台又称"日本电视放送网株式会社"，简称"日视""NTV"，是日本一家以关东广域圈为播放区域的无线电视台，也是日本首家成立、开播的商业电视台。

在"'Marketplace'的存在还不被社会广泛认可"的阶段,那些已经开始使用"Marketplace"服务的人的意见就显得非常有说服力了。因此,公关部的员工邀请媒体记者奔赴日本各地进行采访,专门报道"顾客经过研究讨论,最终决定试用"的整个流程。我们之所以不辞辛劳地做这件事,是因为它具有示范效应,会对其他顾客产生影响,令他们也想"亲自试用看看"。

经过"试用看看"的阶段后,"Marketplace"的知名度不断提升。在接下来的阶段中,"实际取得成功"的人具有极强的说服力。因为这个阶段是各种质疑之声蜂拥而至的阶段,人们总是怀疑"虽然用起来很简单,但是用了之后商品会不会畅销"。有鉴于此,我们走访了一大批"Marketplace"的用户,就"这个服务究竟好在哪里""这个服务的反响怎么样""使用这个服务后生活发生了怎样的变化"等进行了沟通交流,希望为媒体和潜在顾客推介宣传"Marketplace"服务提供内容和素材。此外,我们还邀请一些顾客在官方网站主页上实名留言,从他们身上得到了许多支持和帮助。

如果在"开始使用时"和"使用多年后"这两个阶段分别进行采访,了解顾客的真实想法,就可以了解这些年间发生的故事。这样说起来,似乎是"再正常不过的事情",但是,实际上出于众多原因,许多时候公关负责人往往会忽视跟踪回访,比如"总是与同一位顾客沟通交流实在太无聊了""工作太忙了,总是不知不觉就忘了"等。我认为,从与顾客构建长期信任关系的角度来看,忽视了跟踪回访是非常可惜的!

在协助采访、举办推介会或征求意见过程中,公关人员会接触大量的顾客,如果还能与他们一直保持联系,我强烈建议公关人员问问顾客:"用了我们的服务之后感觉怎么样?"一旦顾客反馈了负面评价,比如"用了一年左右,现在早就不用了"等,要耐住性子问清楚原因。可以说,这极有可能是改进服务质量的关键所在。

开始销售电子书终端Kindle,跻身制造商行列

亚马逊是从2012年开始销售Kindle的。面向市场推出独立研发的电子书终端Kindle,标志着亚马逊正式跻身制造商行列。对亚马逊而言,这是一件意义非凡的大事。

实际上,在这一阶段,亚马逊几乎是不对外投放广告的。正如杰夫·贝佐斯提倡的"良性循环"所述,之所以这样做是因为他坚持认为"如果顾客给予积极评价,自然会口口相传,不断扩大企业的影响力"。

从这个角度出发,亚马逊在如何通过顾客相互宣传提升企业形象方面下了很大的功夫,为此独立研发了一款名为

亚马逊如何公关
amazon

"合作者计划"（Amazon Associates Program）的程序。使用这款程序后，顾客可以通过自己的博客和主页推荐Amazon.co.jp网站上经营的商品，如果浏览过相关内容的人最终购买了这件商品，那么亚马逊就会向顾客支付介绍费。随着这款程序的推广普及，Amazon.co.jp网站的访问量和营业额均大幅提升。此外，亚马逊还采取措施不断进行搜索引擎优化[①]。当顾客在谷歌和雅虎等知名的搜索引擎上搜索时，Amazon.co.jp主页的URL（统一资源定位系统）[②]会自动跳转至搜索排名的顶端。

另一方面，在此之前，亚马逊几乎从未在电视等媒体上大规模投放过商业广告。虽然亚马逊也曾尝试在某个地区投放与时装相关的电视广告，但是由于难以评估广告效应对亚马逊数值目标带来的真实影响，因此后来就弃用了这一方法。

然而，对顾客而言，电子书终端这一"亚马逊独立研发的新型商品"是完全陌生的。因此，在面向市场销售时，亚马逊做出了"还是需要实施广告宣传"的判断。一般来说，

[①] 搜索引擎优化，即SEO（Search Engine Optimization），是一种利用搜索引擎规则，提高网站在相关搜索引擎内自然排名的方式。搜索引擎优化的目的是帮助企业在行业内占据领先地位，获取品牌收益。
[②] URL（Uniform Resource Locator）是对可以从互联网上得到的资源的位置和访问方法的一种简洁的表示，是互联网上标准资源的地址。

公关活动适用于构建牢固的合作关系，与之相对，广告宣传活动则适用于短期内需要实现一定效果的情况。亚马逊当时考虑的策略是顺利起步、实现销售目标、确保新领域的新产品走上正轨，因此，最终选择了大规模投放电视商业广告的方式宣传Kindle。除了在电视上投放广告外，亚马逊还投放了报纸广告、杂志广告以及公共汽车的车内广告等。

顺便提一下，为了对Kindle进行广告宣传，亚马逊在Kindle营业部内成立了类似宣传部的机构，主导整个宣传活动，公关部则配合他们开展公关活动。受此次做法的影响，后来亚马逊逐渐意识到投放广告的作用，特别是针对"Amazon Prime"等数字内容提供服务，下了很大力气进行广告宣传。

吸引女性顾客使用Kindle的措施

由于亚马逊变成了销售Kindle终端的制造商，因此，我不得不面对前所未遇的窘境，那就是必须使用充满美国风格的终端性能等标准作为公关工具。

当时的亚马逊奉行"地区优先"的哲学，以最大限度提升顾客满意度。在开展公关活动时，亚马逊也会根据各国的实际情况给予一定程度的自由决策权。但是，在开发了Kindle终端这一全世界统一标准的原创商品并对外销售后，所有的权限都收归亚马逊总公司，由总部统一主导。与之相对应，亚马逊针对公关活动也出台了统一的规定：在对外发布信息时，应尽量突出全新的显示技术、下一代背景灯以及升级版中央处理器等标准。对美国国内的发烧友而言，这些信息是非常容易接受的，也是极为有效的。但是，对日本国内的消费者，特别是女性顾客而言，根本不知道这些信息到底意味着什么，又会对使用带来哪些影响。于是，我以这个理由同亚马逊总部进行了充分的沟通，但是，我得到的回应是："你这个理由行不通，这是总部高层领导确定的内容，因此……"最初阶段，亚马逊总部对宣传的形式和格式限制得很死，甚至希望"在对外发布信息时，要英日原文对译，确保内容一致"。后来，亚马逊总部逐渐放宽了要求，提出只要保持要点一致即可。即便如此，我还是感到束手束脚。结果我们邀请以紧追潮流的时尚潮人为对象的媒体进行了采访报道，但是没有呼应更广泛顾客群体的诉求。针对这一点，我们与业务部之间的看法是一致的，都认为"大部分消费者对于中央处理器性能的要求是有限的"。

因此，我们希望策划一个宣传主题，拉近顾客与陌生的Kindle终端之间的距离，引导顾客从自身视角出发切实体验到Kindle的各种优点。

比如，我们与某家大型杂志社的女性时尚杂志一起策划

"有Kindle陪伴的生活"的营销方案。在这一方案中，我们采取联合举办活动、展板展示和在线展览相结合的方式，向消费者展示了Kindle可以充分发挥作用的场景。该方案的主题是"带着我的Kindle去旅游"，比如 "你想在外出旅行期间带着书去读，但是随身带的行李实在太多，迫不得已只能带一本书出发。在这种情况下，如果你拥有Kindle，就不必为被迫做出选择而感到烦恼，完全可以静下心来享受美好的阅读时光"（虽然实际阅读时，需要购买Kindle终端和文本内容，但这不是问题的关键，在此可以忽略不计）。此外，我们还得到了媒体总编、模特和博客"大V"的支持与帮助，在举办现场活动的同时，与网络社交媒体保持紧密的沟通联动。一些粉丝众多的爱读书的模特和博主纷纷为我们站台，通过社交媒体发布自己实际使用Kindle的体验和感觉，结果赢得了大批女性粉丝的响应。

此外，我们在日本东京的原宿临时设置了亚马逊首个快闪店（Pop-Up Store）①，并对外开放三天。为了吸引顾客实际感受拥有Kindle的生活，我们特意将快闪店设计成房间，方便路过的行人近距离接触Kindle并愉快地进行操作体验。不仅如此，我们还提前向媒体发出邀请说："亚马逊开设了首个快

---

① 快闪店又称为游击概念店，是一种在商业发达的地区设置的临时性的铺位，供零售商在比较短的时间内（若干星期）推销其品牌，以抓住一些季节性消费者。

闪店，欢迎大家莅临指导。"结果，有许多记者前来采访。

高度重视"协作共赢"和"现场活动"这两个关键词

　　第三阶段是亚马逊全体秉承"协作共赢"的观念，全力推进公司发展的黄金时期。在消费品领域，消费品部门的员工与公关部紧密联动，合作启动了"Amazon Beauty Lab."（亚马逊美容实验室）项目，面向终日忙碌的女性提供"美妆方法"。他们从亚马逊的顾客中挑选那些熟悉化妆品并且具有影响力的人，聘请她们担任类似队长的职务负责牵引整个实验室发展。这些队长除了向顾客们介绍解决各个季节皮肤问题的化妆品和人气商品排名，还会利用网络在线发布快速美容法等与美容热门话题相关的信息。不仅如此，我们还经常组织线下活动，与在线业务相配合，邀请实验室的读者们会聚一堂，亲身体验美妆效果。

　　对第三阶段而言，"协作共赢"和"现场活动"这两个关键词是非常重要的。随着业务发展到一定程度，商品和服务的数量不断增加，就会产生一种盲目强化对外宣传力度的倾向。为了预防这一问题，我们利用各种方法实施了预先调查。但是，即便如此，这种问题还是难以杜绝。

　　我认为"精准匹配社会需求和企业需求"是公关部员工的主要业务之一。因此，成为"积极主动了解社会需求的人"是非常明智的选择。也就是说，作为一名公关人员，我应该比其他各业务部门更加积极作为，主动靠前了解对象顾客（或愿意提供帮助的媒体）的真实想法，比如"你认为在什么情况下人们会选择这项服务呢？""你认为我们举办什么活动大家会愿意参加呢？"等。不仅如此，公关部还要将收集到的意见反馈给各个部门。大家肯定都听过"桥梁"这个词，我想每名公关人员都应力争成为联系各部门相关人员的桥梁。

思考通过自己的经营活动帮助他人的制度

在亚马逊，有一种看法认为："当人们遇到困难时，不应直接向他们提供现金资助（包括使用公司平台进行现金募捐），而应通过自己的经营活动实施援助"。这种观念丝毫没有否定"捐助金钱行为"的意思，只不过通过自己的经营活动可以提供持续援助的想法，已经深入亚马逊每名员工的骨髓，可以说是根深蒂固的观念。究其原因，最重要的理由就是"通过经营活动，可以连续实施长期帮扶的缘故"。

2011年3月，日本发生了震惊世界的东日本大地震。亚马逊日本分公司立即召开紧急会议，研究尽快恢复受灾的物流中心，并探讨"亚马逊到底能为灾民做些什么"。最终讨论的结果是"开发一套系统，灾民们可以通过它上传自己的需求清单,比如'想要100卷手纸、500个垃圾袋和300桶方便面'。然后,看见清单的捐助者可以做出自己的选择,比如'我出钱买10卷手纸,通过亚马逊快递送到灾民手中,帮助他们渡过难关'"。这是从顾客那里得到启发才实现的援助项目。

在灾区收集信息的过程中,我们发现当地发生了物流混乱的问题。结果出现了某个地方的救灾物资超过了需求量,而另一个地方则完全没有收到救灾物资的情况,甚至还出现了物资大量积压分发不出去的情况。这就导致救灾物资根本到不了最需要的人手中。

我认为可以通过两种制度解决这一问题:一是在规定的时间内,按照规定的件数,将规定的商品,直接送到每位灾民手中的制度;二是援助者可以通过可视化形式,实施具体的、现实的援助的制度。亚马逊完全可以充当实现上述制度的平台,汇集各类人群购买的捐助物品(比如某人捐助10卷手纸,某人捐助30个垃圾袋等),然后按照受灾地区灾民的需求,将规定数量的商品直接送到真正需要援助的人手中。

当事人真正需要的物品与不在现场的人们凭想象认为需要的物品之间,存在着巨大的差距。比如,为了方便野外洗澡,浴池和水管非常受欢迎。同时,作业用一次性经济型T恤衫也非常畅销。我们将这些信息透露给了媒体的记者，在此后的救灾工作中发挥了重要作用。

我们还开设了一个面向灾民的网页，方便他们在收到援助物资后，在上面发表感言，比如"太感谢了""终于收到了物资""真的帮了大忙"等。之所以这样做是为了回馈援助者，因为对他们而言，看到谁以怎样的形式得到帮助同样是非常重要的。

之后，亚马逊和日本德岛县政府等多个行政部门和机构签订了《灾害应急援助协定》，以便发生灾害后，可以迅速进行援助。

这本身不是公关活动，而是基于亚马逊提出的"我们应该怎样做才能构建长期信任关系"的理念采取的行动。对于我们而言，这是一件终生难忘的事情。

第四章

有助于提升公关质量的信息的故事化
——用故事的形式来传递信息

第四章
有助于提升公关质量的信息的故事化——用故事的形式来传递信息

"通过故事传递信息"取得成功的三大诀窍

在第四章中,我将围绕如何与媒体和顾客构建长期信任关系,以及如何传递信息以实现这一目标展开论述。

我将先探讨"通过故事传递信息"时应该注意的三大诀窍。

诀窍 1　倾听对方想法,模拟真实场景

我们公关部平时最关注的焦点之一就是"公关的对象究竟是谁"。比如,在宣传Kindle时,如果锁定女性顾客作为重点公关对象,觉得"能争取更多的女性顾客就再好不过了",那么我们最先应该做的就是直接去问问女性的意见,听听她们的真实想法。

在实际操作时,与不做任何准备和铺垫,直接问对方"你想在什么时候使用Kindle"相比,最好还是提前设想几种场景,多问问自己"在什么情况下她可能会愿意使用",然后去问对方。比如,在下述哪些场景中会使用Kindle,是旅行期间想读小说时,或者午休间隙想读经管类书籍时,还是吃过晚餐收拾停当后,在孩子身边一边陪读一边想读点实用书

籍时？

当然这些都是自己设想的虚拟场景，如果在提问时，能够将这些设想当成例子列举出来，就可以引导对方敞开心扉提出宝贵的意见。

如果回答"想在旅行途中使用"的人较多的话，就可以发现"献给旅行的Kindle"这一切入点，进行宣传公关。

在确定主题后，就应进一步细化具体场景了。

·在旅途中的某一天，将Kindle终端放在手提袋中，外出散步……

·坐在海边的咖啡厅里，心情舒畅地品着咖啡，吹着海风……

·在Kindle终端中，下载了自己喜欢的30多部小说……

·从中选择自己最喜欢的一本，开始慢慢地读起来……

·第二天早晨，在酒店的露台上，选择另一位作家的一部作品，细细地品读起来……

对公关对象而言，在听完介绍后，会有一种身临其境的感觉，同时，在脑海中浮现出自己觉得很享受的一幕画面。我经常用"描绘出用户能够想象到的美好场景"来形容这种效果。

我们可以通过这种方式，先确定希望实现的理想场景（目标）。

第四章
有助于提升公关质量的信息的故事化——用故事的形式来传递信息

诀窍 2　逆向推理，构思故事

在通过诀窍1明确了希望实现的理想场景（目标）后，下一步就是从目标出发进行逆向推理，思考"怎样做才能引导公关对象按照我们的设想采取行动"。

我们可以逆向推导出下述流程：

· 女性带着Kindle去海外旅行。

↓

· 因此，女性带着Kindle去散步时完全没有抗拒感，可以熟练使用。

↓

· 因此，女性切实感受到轻松惬意，充分享受读书的快乐。

↓

· 因此，……

通过综合运用诀窍1和诀窍2，可以提出下述方案：以吸引旅行途中的女性顾客愉快地使用Kindle为卖点，邀请女性生活方式杂志协助采访，并向传播力强的女性顾客提供试用Kindle的机会，通过她们进一步扩大Kindle的影响力。

亚马逊将这种通过逆向推理进行思考的方法称为"逆向思维"（Thinking Backward）。虽然第一章中介绍的"通过发

125

布信息提出企业经营方案"的方法运用的也是类似的思维，但是亚马逊最常用的还是通过最终目标进行逆向推理的思维方法。我认为这种方法真正把握住了"编故事和讲故事"的精髓。

诀窍3　放弃"针对任何人、任何事"都普遍适用的想法

在开展公关活动时，公关人员往往会在不知不觉间陷入一个误区，那就是执拗地认为"自己要做的是向更多的人传递尽可能多的信息"。

我非常理解这种心情，但实际上无论是谁，一旦陷入这种误区，最终都会徒劳无功，无法给任何人留下任何深刻的印象。

公关工作最重要的内容就是激起顾客的共鸣，令他们觉得"这件事与我密切相关"，就是"我自己的事"。在具体实施时，公关人员要严格按照流程操作，先设定目标的一个场景，进行逆向推理，然后"编好、讲好故事"。通过这种方式，自然可以避免"针对任何人、任何事"都采用同一方法的错误倾向。

公关人员不应急功近利，不能过度强求单次公关的效果，这是构建长期信任关系必不可少的一环。因此，公关人员应在公司范围内争取理解和支持，同时，克制自己的欲望，保持

第四章
有助于提升公关质量的信息的故事化——用故事的形式来传递信息

冷静的心态，积极开展公关工作，这一点至关重要。

此外，虽然与亚马逊无关，但是作为一名公关人员，我认为三菱电机株式会社2006年上市销售高级电饭煲"本炭釜"时，开展的宣传推广活动是公关领域一个非常经典的成功案例。

他们对公关对象的选择是非常精准的。虽说大的经济环境并不景气，但是，"本炭釜"面向的顾客群体是消费能力极强的"婴儿潮一代"[1]。这一代人本来就是用铁锅蒸饭吃的。人们每天吃饭都离不开电饭煲，因此它的费效比非常高。如果向顾客描绘出一家人坐在一起面带笑容吃着香喷喷的米饭的场景，自然会令人感到无比憧憬。正是因为如此，"本炭釜"才能在当时平均价格1万日元每台的电饭煲市场中开创了一个高端电饭煲的全新市场。可以说，这是通过故事展示商品优势和特性的经典案例。

---

[1] 婴儿潮一代又称"团块世代"，专指日本在1947年到1949年之间出生的一代人，是日本第二次世界大战后出现的第一次婴儿潮人口。在日本，他们被看作20世纪60年代中期推动经济腾飞的主力，是日本经济的脊梁。这一代约700万人于2007年开始陆续退休，大都拥有坚实的经济基础，一直是最引人关注的消费群体。据估算，日本60岁左右人口所拥有的资产是40至50岁人口的3倍以上。这群数量庞大的银发族经济基础雄厚、购买力强，退休后还有充足的空闲时间。

在与媒体正式接触之前，应提前了解的三大原则

下面，我将与大家分享同媒体记者打交道时，应提前做好哪些准备。

本书的读者肯定有一些人是从事公关相关工作的，他们可能会面临着一些困惑和烦恼，比如"想构建与媒体之间的合作关系，但不知道应该从何做起""想强化与媒体之间的合作关系，但不知道应该从哪儿发力"等。

在与媒体记者接触之前

作为与媒体记者接触的前提，希望大家能牢记下述三点：

一是"媒体人都非常忙"。当然，在社会上打拼的每个人都很忙，但是，与绝大部分人相比，媒体人格外忙，因为他们做每件事都有严格的时间限制。越是出名的媒体人接到的"采访邀请"就越多，甚至达到了应接不暇的程度。恐怕他们内心最真实的想法就是"不要什么事都来找我报道""希望你们尽可能地对信息进行筛选，我想要的只是真正值得报道的优质信息"。

有鉴于此，大家最先要做的就是充分认识并理解媒体记

第四章
有助于提升公关质量的信息的故事化——用故事的形式来传递信息

者每天都忙得不可开交的真实现状,这一点非常重要。

二是"每个人的兴趣和关注焦点各不相同"。每个媒体关注的焦点各不相同,这一点大家都能理解。但是,实际上,在同一媒体内不同记者的分工和专长也是不同的。

以家电专业杂志为例,编辑A可能是电饭锅、微波炉等厨房电器专家,编辑B可能是音响和电视等黑色家电专家,编辑C可能是手机和智能设备类数码家电专家……

当计划宣传自己公司的新型咖啡机时,如果你需要发邮件邀请媒体,与直接用"家电专业杂志××部门公启"相比,使用"家电专业杂志××厨房家电负责人A君亲启"的标题显得更加自然亲切,无疑是更为合理的选择。因为对A而言,新型咖啡机的信息是他需要的。

可能许多人会有一个疑问:"怎样才能知道谁具体负责什么项目呢?"特别是,"在与对象媒体之间没有任何交集的情况下,根本没办法了解清楚啊"。

实际并非如此,确实是有办法了解的。

下面,我们将以报纸媒体为例进行思考。当你浏览一份全国性报纸时,是不是经常会看见以"报道人××"的形式刊载的记者姓名呢?如果经常关注,就会发现,"负责厨房家电栏目报道的总是同一个人"。

此外,在杂志里,虽然基本不会出现编辑的名字,但是

129

几乎每篇文章都会刊载撰稿人或设计师的名字。由此,我们可以掌握"这个人经常负责厨房家电专刊"的信息。在电视节目中,片尾字幕也会弹出演职人员名单和制作公司名称。

利用SNS进行跟踪也是非常有效的。由于报纸杂志和电视节目的员工进行工作交接时,往往会发一些感言,因此通过跟踪观察,就可以发现"这个人开始负责某某领域了"等线索。

最重要的就是发现那些"接收到信息会感到高兴或感兴趣"的对象,然后将信息传达给他们。

因此,要先找到一家合适的媒体,确认"这家媒体在接到邀请后会派人来采访,并且将自家商品和服务的价值精准地传递给最想推送的对象(顾客)"。如果可能的话,最好能够分析出"应该将信息发送给目标媒体的哪个人最合适"。

顺便提一下,在与媒体的记者们构建了关系之后,公关人员可以要到对方的脸书(Facebook)、领英(LinkedIn)、Eight(名片管理)等社交账号,从而及时查看对方发布的动态。在看到他们发布的关于私人状况的留言后,公关人员可以了解到一些有价值的动向信息,比如,"这个人是冬季运动爱好者""那个人自从生了孩子之后,生活方式发生了根本性的变化"等。这些对方关注的事项,就是我们了解"发送什么样的信息才能吸引他的注意"的关键。

第四章
有助于提升公关质量的信息的故事化——用故事的形式来传递信息

三是"重要的是质量优先，以质取胜"。媒体的从业人员往往终日忙碌，没有空闲时间，并且每个人的兴趣和爱好也千差万别，这都增大了开展公关工作的难度。

尽管大家都知道这些特点，但是在开展公关工作时，公关人员还是容易陷入盲目追求数量的误区。有些公关人员会向大量媒体频繁发送他们不关心的信息，严重影响宣传效果，比如"想向尽可能多的媒体从业人员发布信息""想尽可能多地发布信息"等。

有些公关人员还抱着"想结交尽可能多的媒体从业人员"的目的，一见到名片交换会就挤破了头去参加。他们将拥有的名片数量当成自己的业绩，并且到处吹嘘"我和这个媒体的人员交换了名片，我还有那个媒体负责人的名片"等，这也是一种经常出现的错误倾向。

此外，还有公关人员会以"将我们公司的资料一起发送给您，谨供参考"为理由，在没有提前打招呼的前提下，贸然将数十页厚的公司简介、新产品说明书等资料一并邮寄给媒体，希望通过以"信息量"取胜的策略取得理想的效果。

但是，我认为作为"与对方构建长期信任关系"的公关活动的开端，这种方法是没有任何效果的，反而会引起对方的厌烦情绪。这是因为收到资料的媒体记者会将这种行为认定为公关人员在向多家媒体群发，怀疑你"肯定也向其他媒体发送了相关信息"，从而对公关人员产生负面印象。与之相比，公关人员最好直接和对方说"有些事情想与你沟通"，这样对方可能会愉快地接受。当然，如果对方觉得"突然间将彼此的距离拉得如此之近，会令氛围变得尴尬沉闷"，就会适得其反，落个竹篮打水一场空的结局。但是，我认为认真思考"怎样传递信息才能令对方感到愉快"的意识，是极为重要的，无论何时都不能忽视。

　　有鉴于此，我认为在与媒体接触时，切忌心浮气躁、急于求成，不能盲目地追求以量取胜，而应静下心来，"先从与某个人构建关系"开始，逐步向前推进，只要这样做，一定可以取得理想的效果。

第四章
有助于提升公关质量的信息的故事化——用故事的形式来传递信息

向媒体传出"温柔的一球"

前文介绍与媒体接触之前应该注意的事项。那么，我们又该如何与媒体接触呢？

我认为与媒体接触的标准之一是："在适当的时机"，"运用适当的表达方式"，"写上三至五行字的邮件"。

在适当的时机！运用适当的表达方式！

正如前文所述，在接触媒体之前，首先，我们要找到一家合适的媒体，确认"这家媒体在接到邀请后会派人来采访，并且将自家商品和服务的价值精准地传递给最想推送的对象（顾客）"。然后，我们要分析出"应该将信息发送给目标媒体的哪个人最合适"。这样一来，我们就可以在收件人的位置写上"××亲启"的具体人名，并向他发送邮件。

时机的准确性与表达方式的实用性是至关重要的，应该"在对方觉得最容易接受和处理信息内容的时机"，通过"对方认可的表达方式"，向"希望构建长期良好关系"的对象提供信息。

如果站在对象媒体的立场来看，理想的时机有两种选择。

一种是"什么时候发送这个信息"的季节性问题。比如，公司想宣传的是对治疗花粉过敏症有效的某种商品，而相关的媒体可能计划在4月份推出应对花粉过敏症的专辑。因此，自然要在"4月份之前"将相关信息发送到目标媒体的手中。

另一种是"这个信息可以研究到什么时候"的时间节点问题。假设月刊杂志在2月中旬至3月上旬完成4月刊物的排版定稿，那么选择"2月上旬"发送信息就是最佳时机。与之相反，如果向每日都发行的日报发送信息，则应选择3月中旬左右。实际上，每家媒体制作日程或制作推进方法是各不相同的。因此在最开始接触时，公关人员只能依靠想象分析向媒体发送信息的时机，但即便如此，还是能够在一定程度上预测到时机早晚的。公关人员在和媒体记者构建联系后，可以直接向他们咨询发送消息的最佳时机。

所谓的最佳时机，就是对方觉得"恰好需要你所提供的信息"的时候。没有什么是比选到这个时机更理想的。

下面，我将就表达方式的实用性进行说明。

举一个简单的例子，当你想与媒体接触推广自己公司的新型咖啡机时，你会怎么向对方表达自己的想法呢？是选择"我们推出了一款经过改良的新型咖啡机"的信息，还是选择"我们向市场投放了一款基于全新理念设计的咖啡机，它与目前市场上在售的产品完全不同，是技术创新的最新成果"的信息呢？我想无疑是后者。

也许有人会质疑，问："如果表达方式真那么管用的话，还有必要费尽心思再去做公关吗？"但是，我认为向自己真心希望构建合作关系的对象发出的第一个信息，必须是经过认真准备、细致推敲的，值得我们耐心等待，反复权衡。

此外，即使那些乍看之下没有任何亮点的信息，如果经过深入加工和提炼，也许就可以实现令人惊艳的效果（关于具体方法，我将在下文进行详细介绍）。比如，多思考一下信息"对其他媒体没有吸引力，那么，是否对这家媒体有吸引力呢？""如果加上个人的理解，讲述一个令人感动的故事，是不是可以吸引对方关注呢？"

将邮件的内容控制在3至5行！

我认为与媒体构建关系，就是按照合适的时机，通过合适的表达方式，将信息发送给自己认为合适的人。在实现过程中，最好的方法就是"通过电话与对方交流，提前酝酿并向对方透露能够在脑海中留下深刻印象的主题，然后，要到对方的电子邮箱，并继续跟进"。如果通过电话无法联系到负责人或者要不到电子邮箱，可以向"info@"等企业咨询联系邮箱发送邮件。虽然中转送信需要经过一定的时间，但是，只要你在收件人栏中写上对方的姓名，这封邮件就可能会被转送到他的手中。

在此需要提醒注意的是要掌握好文字数量，"严格将邮件的正文控制在3至5行"。希望大家能耐住性子，"如果对方对你发的邮件表示出浓厚的兴趣，再邮寄详细的资料也不迟"。

这是因为媒体记者都很忙，根本没有时间看大篇幅的资料。3至5行的邮件读起来没有什么压力，有利于对方比较清楚地把握你所要表达的关键要点。3至5行的内容只需要一分钟就能读完，读过之后，大体就能明白"这是一家什么样的公司，主要经营什么商品"了。反过来看，对公关人员而言，认真思考、反复推敲邮件的内容是一项非常重要的工作。

下面这段正文内容，就是一个经典的例子。这是光在东京都六本木地区就有8家连锁店的"格之进"烧肉店开设新的汉堡工厂时，对外宣传用的公关文案。

实际上，在开业之前，这段文字就已经作为新闻发布会的说明文件发送给一关市的各大媒体了。但出人意料的是，最终前来参加开业仪式的记者人数非常多，几乎覆盖了日本国内各大综合性报纸、经济类报纸、地方报纸、地方电视台等绝大部分主流媒体。

第四章
有助于提升公关质量的信息的故事化——用故事的形式来传递信息

邮件内容如下：

拥有著名品牌"格之进"的门崎株式会社通过举办日本国内最大规模的美食节活动"肉魂节"，连续三年登顶销售额排行榜榜首。今年，格之进将在人口大约1000人的岩手县一关市门崎地区，充分发挥之前关停的小学体育馆的作用，开设一座全新的汉堡工厂，并力争在投产第一年就实现100万个汉堡的销售目标。

在这段文字中，搜罗了许多可能会引起媒体关注的焦点话题，比如每年都会举办大型活动并且非常受欢迎的事实、具体的数字目标、在人口少的地区投资，以及重新利用关停校园的社会热点问题等。广大读者朋友可以以这封邮件为参考，在此基础上，结合自己的实际情况，认真研究推敲自己需要编辑和发送的公关文字内容。

在这方面容易出现的失误是从第一封邮件开始，不做任何铺垫就直奔主题，并且向媒体发送大量的资料。这样一来，非但无法吸引对方的关注，反而会起到反作用。比如，有的公关人员在邮件的开头直接说"这次我写的内容可能有点儿长，如果您能耐心读完，我将不胜感激"，然后就开始滔滔不绝地讲述研发新商品的整个故事，并发送给媒体的记者们。还有的公关人员在正文中写道，"为了方便您参考，我特将公司简介和产品说明书等作为附件一并发送"，然后直接向

137

媒体发送大量的资料。

下面，我将以体育运动为例分析向对方传递信息这件事。正确的信息传递方法应该是"向对方传一个力量和速度合适的球，确保对方可以轻松接住"。如果突然发力传一个快速飞行的球，对方是根本反应不过来的。当你传出好球吸引对方本能地伸手来接时，对方在接到球后，就会投桃报李，向你回传一个好球，你们之间就形成了配合和良性互动。我认为在相互配合的过程中，采取对方容易接受的形式，逐步传递你想表达的信息，才是理想的信息传递方式。如果你暂时还做不到这一点，至少应该避免突然向陌生对象传出对方难以接住的快球。

空有关系，没有故事，是没有任何意义的

亚马逊的公关部对外联系非常广泛，业务对象包括综合性报纸、经济类报纸、通讯社、地方报纸、电视、互联网媒体、行业性报纸、商务杂志和时尚文化杂志的记者以及各行各业的自由撰稿人等，共计超过1000人。他们是我和我的同事经过长期不懈的努力积累下来的，对我们而言是无可替代的宝贵财富。

但是，我们绝不会盲目地采取"广撒网"式的接触方式，比如，"觉得既然有1000多个认识的媒体记者和撰稿人，

第四章
有助于提升公关质量的信息的故事化——用故事的形式来传递信息

就与他们都接触一下,肯定有人会感兴趣的"。媒体的从业人员都很忙,"他们只关注与自己有关的或自己关心的人和事"。他们根本不会对自己不感兴趣的人或事给出任何回应。

此外,就算你想传递的信息只有一条,也要认真准备,经常思考"应该如何构思并讲好故事"。这是因为如果你无法向对方展现出一个完整的信息链,明确"为了实现××意图,经过××努力,最终创造了××商品(服务)。这项服务一旦面市,可能会赢得××的青睐,并对××的生活方式带来巨大的改变",就会令对方的脑海中产生许多问号,搞不清"这条信息到底意味着什么",更不知道应该如何进行采访报道。

我们一直坚持"质量优先"的原则。提高"质"的最佳方法就是"信息的故事化"。

媒体必然会提的"四大灵魂拷问"

我经常问现在找我咨询的客户们一个问题:"媒体有四大灵魂拷问,你们知道是什么吗?"答案如下所示:

第一个问题是:"为什么是现在?"(季节性、时代性)

第二个问题是:"究竟新在哪里?"(创新性、意外性)

第三个问题是:"与其他的相比有什么不同?"(独创性)

第四个问题是:"为什么是你们公司?"(理念、理由)

我认为媒体记者最想了解的就是"这个商品或服务究竟会给社会带来多大的冲击力"。一般来说,冲击力越大,他们前来采访的意愿和概率就越高。可以说,这些灵魂拷问就是衡量冲击力大小的"标尺"。

也就是说,你是否做好了回答问题的准备?一旦提出问题后,你是否能立即回答是决定公关活动能否取得成功的关键。

下面,将分别就这四个灵魂拷问进行介绍。

"为什么是现在?"(季节性、时代性)

这个问题拷问的是"季节性"和"时代性"。也就是说,

第四章
有助于提升公关质量的信息的故事化——用故事的形式来传递信息

这个提问关注的焦点是"为什么要在时下季节主打这个商品或服务"的时机问题,以及"为什么当今时代需要这种商品或服务"的潮流问题。月刊、周刊等纸质媒体以及电视信息栏目等,对"社会今后将会发生怎样的变化"非常感兴趣。虽然每个媒体对"现在"这个时间范围的认知各不相同,但是当他们收到可以判断是否应该报道这条信息的材料依据时,他们的内心肯定是高兴的。

实际上,在亚马逊公关部工作时,我感到最痛苦的就是如何回答这个问题。这是因为亚马逊每推出一项新服务之前,都要预先了解"客户还没有发现的需求",并紧紧围绕这一需求积极推进商品或服务开发,然后在公司内进行多轮讨论研究,只有在最终确认"已经构建了可以满足顾客需求的体制"时,才开始正式提供新服务。当被问到"为什么是现在"这个问题时,如果只回答"因为现在公司已经做好了准备"的话,我肯定是难以说服媒体的,他们会觉得"只是这样啊……那么,恐怕很难当成新闻报道了"。

在后文中,我将详细介绍针对这个问题我们是如何进行准备的。在此,我只想强调一点,作为公司内外交流的桥梁,能否回答好这一问题是体现公关人员个人能力和水平的重要标志。

"究竟新在哪里？"（创新性、意外性）

　　这个问题拷问的是 "创新性"和"意外性"。那些反映前所未有的事情或事物的信息，具有的价值就相对较高。此外，如果创新点与解决社会问题直接相关并且具有较大的冲击力，就更容易抓住媒体的眼球，吸引他们的关注。比如，"可以大幅延长人类的寿命""可以确保孩子们在户外安全玩耍"等。

　　从另一个角度来看，我希望大家能经常关注创新"是不是只是自己公司内部的创新"，"对媒体而言，是不是乐于接受或肯定这种创新"。

　　人们经常犯的一个错误就是将"与本公司之前的产品进行比较，在性能上取得了飞跃性的提升"当成是创新。对大家因为取得成绩而感到激动的心情，我是非常理解的。但是，我还是需要提醒一点，那就是保持冷静的姿态，认真思考"从整个社会的范围来看，应该如何评价这个创新"。即使自己公司觉得是超高水平的产品，如果其他公司也能达到类似水平，那么就谈不上是创新了。

　　假设"研制出了前所未有的超高水平的计算机"，也要考虑向谁发送信息。如果是发给计算机相关媒体的编辑，他会觉得"这是一个好的新闻素材"。但是，如果把这条信息发给女性生活方式相关媒体的编辑，他会觉得"这是与我完全无

第四章
有助于提升公关质量的信息的故事化——用故事的形式来传递信息

关的信息",根本不会理睬。由此可见,是否具有"创新性",是由对方的兴趣和关注点决定的。

此外,"意外性"也是非常有冲击力的。"迄今为止社会上从未有过的"充满创新性的商品和服务,存在着难以表述究竟新在哪里的问题。如上所述,对创新点感兴趣的媒体也是受限的。但是,如果商品和服务能够制造出"此前好像未听说过"的"意外性",那就会增强对方的认同感,令对方觉得"有了这个东西之后,确实会方便不少",还可以促使对方反思"为什么之前就没人注意到呢"。同时,这也有利于联想使用场景,因此,极有可能受到多家媒体的关注,成为大家竞相采访的对象。

"与其他的相比有什么不同?"(独创性)

这个问题拷问的是"独创性"。即使在技术起点上处于落后地位的企业,也可能具有一定的后发优势,只要能够充分说明"与其他企业相比有什么独到之处",同样可以吸引媒体的兴趣和关注。

对亚马逊的公关部而言,这个问题同样非常棘手。这是因为亚马逊的基本方针是"不能对外披露自己公司的数字""不能直接与竞争对手进行比较"。因此,在表现自己的独创性方面,亚马逊的公关部会受到一定的限制。

现在，我经常对那些向我提出公关业务咨询的企业负责人说："如果你们想赢得媒体的理解和认同，完全可以拿出自己公司的数字作为证据。只是在提供数据时，最好不要只拿有利于自己的好的数据而隐藏不利于自己的坏的数据。"此外，也可以制作定位图（Positioning Map），通过可视化这种简洁明了的形式直观地与竞争对手进行比较。

"为什么是你们公司？"（理念、理由）

这个问题拷问的是"理念"和"理由"。它所要求的答案是"因为有这种思想""因为有这群人""因为顾客面临着这样的烦恼"等。可以说，这是针对故事核心部分的提问。

此外，如果在其他公司中找不到类似的实例，就要认真思考一下"为什么其他公司没有去做同样的尝试"。我认为这里面可能暗含着"由于缺乏发展前景和性价比低等原因，其他公司才没有涉足"的意思。在这种情况下，虽然"其他公司没做"，但是，如果你能充分说明"自己公司能够做到的理由"，同样可以赢得对方的信任。这在一定程度上与第三个问题中的独创性是相通的。

提前做好应对"四大灵魂拷问"的准备，可以提升公关活动的质量

在前文中，我就"四大灵魂拷问"进行了介绍。可以毫不夸张地说，在整个公关活动中，一半以上的时间和精力都要用在思考和准备如何回答这些问题上。

那么，公关活动的负责人可以提前做哪些准备呢？有一点是适用于上述四个问题的通用答案，那就是"随附发送印证数据和顾客可以理解的资料"。我总是充分运用公司内和公司外的各种途径，积极采集这些数据和资料。

针对"为什么是现在？"（季节性、时代性）的准备

我希望提醒大家的是在准备针对"为什么是现在？"（季节性、时代性）的数据时，要先搞清两个问题：自己经营项目的市场规模究竟有多大？这一市场今后进一步发展的可能性有多大？

如上所述，亚马逊每推出一项新服务之前，都要预先了解"客户还没有发现的需求"，并紧紧围绕这一需求积极推进商品或服务开发，然后在公司内进行多轮讨论研究，只有在最终确认"已经构建了可以满足顾客需求的体制"

时,才开始正式提供新服务。美国福特汽车公司(Ford Motor Company)的创始人亨利·福特(Henry Ford)曾经讲过一句经典的话:"当你问顾客他们具体想要什么样的汽车时,他们会告诉你'我想要一匹跑得更快的马'。"杰夫·贝佐斯非常赞同这一观点,他认为如果你直接问顾客"想要什么",就永远也不会创造出"Alexa"(基于云计算的人工智能语音助手)这种充满想象力的产品。实际上,亚马逊从不使用问卷调查等"直接向顾客提问"的方法。

虽说如此,如果只是强调"因为现在公司已经做好了准备",是无法说服媒体的,也无法向他们提供可以印证的材料。因此,我经常会附上来自国外的数据。因为在时尚潮流和IT创新等领域,美国和欧洲的流行趋势在日本很可能也掀起同样的热潮。

亚马逊的总公司位于美国,但是,在日本几乎可以实时查看美国的交易数据。比如,"在美国国内,这一年中通过电商平台购买哪种时尚商品的人在不断增加,日本很可能也会出现同样的趋势"的统计数据,就可以直接对外发布。实际上,这种方法可以隐藏具体的细节数字,起到一定的保密作用。

此外,我还会附加来自公司外的数据。在时尚领域,可以引用CFDA(Council of Fashion Designers of America,美国时

第四章
有助于提升公关质量的信息的故事化——用故事的形式来传递信息

装设计师协会）的统计数据。

如上所述，我们坚持从公司内和公司外等多种渠道搜集可为资料提供参考的数据和素材。但是，有一点至关重要，那就是"是否有可信的出处"。公关资料中附带的数据，必须有可信的来源，即使媒体原文转载也不会引起任何争议。如果你不能确定数据的可靠性，而用模棱两可的态度回复对方说"这是为了佐证公关材料而附带的数据，我们无法保证其确切性"，那就会损害彼此之间的信任关系，反而得不偿失。亚马逊对这一点的要求特别严格。虽然要彻底鉴别数据的真伪是有些难度的，但是如果能向对方提供来自权威机构的可信数据，就会发挥非常好的公关效果。

此外，政府下大力气推动的事情往往会吸引媒体的兴趣和关注。因此，可以通过"近期我们将推出全新的××服务。碰巧今年××月，政府提倡的××项目将正式启动，对我们而言，这是政策上的红利……"等形式，证明自己公司准备上线的服务项目恰好处于政府制订的宏大计划之中，拥有美好的发展愿景。这样一来，作为政府宏大计划中的一个环节进行宣传，吸引媒体记者来采访的可能性就会大大增加。

当宣传的焦点对准公司内的某位员工时，列举他所取得的国家级奖项是非常有效的。比如，在资料中记入"曾获得

××部××年新设的××奖项……"等资料，会大幅提升媒体的关注度。

特别是，初创企业更应该充分发挥这一思维方式的效果，积极造势，对外宣传说，"毫无疑问，国家今后肯定会持续给予政策扶持"，从而吸引更多的关注。

岁末年初、开学季、暑假等节假日是媒体记者时刻关注的关键词，比如"在樱花节期间对外发售了备受好评的超轻型啤酒泡沫机"。当然，如果以重量超轻为亮点，同样可能会吸引媒体前来采访，但季节性也是一个不容忽视的有利因素。

针对这种情况，我们公司采取的方法是从逆向思维出发，利用"由于樱花节的原因，所以啤酒泡沫机会大卖"的观点，公布相关数据，吸引媒体的关注。在媒体看到亚马逊的销售数据并质疑"为什么这个季节里这种商品会这么受欢迎"后，我们又汇总了这种商品在其他季节、上一年度以及上个月的数据，并与当前的数据进行了对比分析（虽然亚马逊无法提供具体数字），进一步明确了商品的畅销程度。同时，我们列举了能想到的各种原因（当然是推理的结果），作为附件一并提供给了媒体。最终，那次宣传取得了良好的效果。

针对"究竟新在哪里?"(创新性、意外性)的准备

虽然最好是能有数字对创新性进行印证,但是如果只是一味追求数字,就会陷入误区,导致获取数据的目的沦为单纯为了比较而比较。比如,"与其他公司产品相比,性能差距有多大""与公司既有的产品相比,性能能有多大不同"等。

因此,我认为关于创新性的分析,往往都是带有主观色彩的。比如,"根据我们的分析,这种产品在整个行业中大概处于××位置""根据我们的调查,目前市场上还没有同类型的产品"等。但是,如果能引用在一定程度上可信的数据,并得出结论,也是完全没有问题的。

真正重要的是"这种创新性是否能直抵心灵深处,真正触动对方"。在向对方传递最终的结论时,我们应该多注重"对方是否能够接受",而不是"自己希望表述的欲望",这一点至关重要。

有一次,亚马逊对"用于高跟鞋的防雨套"进行公关宣传,在媒体中引起了极大的反响。当时,还没有现在这样可以作为正装穿着的女性长靴。我认为即使是现在,"大雨天穿着长靴上班"的女性还是不多。因此,在宣传这种商品时,大家都觉得"之前从来没见过类似的商品",引起了轰动效应。也就是说,这变成了大家都没发现的社会问题。

针对这种令人感到好奇和关注的商品或服务，可以跟踪询问顾客实际使用后的真实感受，并简要地汇总起来，形成随附文件，这也是一种有效的方法。

针对"与其他的相比有什么不同？"（独创性）的准备

虽然亚马逊的基本方针之一是"不能与竞争对手进行直接比较"。但是，我认为在对外宣传自己公司的经营项目或商品服务时，是可以制作市场定位图的。通过"走高端路线或是低价路线""走批量路线或是精品路线"等"可视化"的形式，可以向媒体记者们讲清自己公司的创新性。并且，这也有利于发现蓝海（没有竞争对手的全新领域）所在，为企业未来发展提供契机。

此外，亚马逊还有一条方针是"不能对外披露自己公司的数字"。但是，我认为一旦决定"拿出数字以通过数字彰显自己公司的独创性"，就要做好"许多不在计划范围内的人可能会接触数字"的心理准备。在此基础上，完全可以对外公布行业市场占有率、销售额、利润率等各种数据。

世界上没有哪一条方针是绝对正确的。与之相比，坚定不移地贯彻落实的态度才是最重要的。"在没有充分理由和依据支持的情况下，是不能随意变更已经确定的方针的"，这一点至关重要。

顺便提一下，通过编辑数据对外宣传自己公司的创造性，是一项充分挖掘公司内优势的工作。一提到独创性，大家总会不自觉地将关注的目光转移到市场排名上。但是，实际上，在我们的日常工作和生活中，是有许多值得充分宣传的独创性的，比如"充满个性和创造力的员工全力以赴地投入研发工作中""在一穷二白的环境下，自力更生，艰苦奋斗，将项目推上正轨"等。只是我们对这些细节已经熟视无睹，觉得这是再自然不过的了，从而忽略了许多值得宣传的亮点。

因此，先要做的就是构建一套科学的制度，帮助自己充分发掘企业内部的独创性。

针对"为什么是你们公司？"（理念、理由）的准备

在回答"为什么是你们公司"的问题时，公司存在的意义和奉行的理念是最有说服力的。

当被问到"为什么这次会启动这样的新服务"时，如果公关人员能回答说"这是因为我们是秉承这种理念创业的企业，一直将创造这样的世界作为自己的梦想，平时总是与志同道合的人们一起共同奋斗"，就是再理想不过的答案。可以说，这就是"通过讲述故事传递信息"的标准流程。无论是关系到公司前途命运的新项目，还是一个季节性的商品，

都有其"产生和存在的理由"。在大多数情况下,这种理由都是根据公司存在的意义和奉行的理念衍生而来的。万物存在必有原因,这些项目和商品"并不是自然出现的",如果认真研究其开发的背景,一定可以发现其产生和存在的理由。

与此同时,可以说,准备"为什么是你们公司"这个问题的答案的工作,不应该全都甩给公关负责人一个人处理,而应集全公司之力共同推进。在第二章中,我们曾经提到为了统一公司员工的沟通交流方法,重要的是"尽量简洁清晰地明确希望实现的目标"和"不断向员工们宣传相同的内容"。在此,同样适用。

因此,我建议大家注意一点,那就是"不必频繁改变自己希望对外传递的信息"。

在现实生活中,我们经常会遇到每年都推出新口号和标语的企业。如果每年变更标语是有明确意图指导的,意在保持新鲜感,营造积极向上氛围,激励员工士气,并且能充分发挥效果的话,则另当别论。但是,"觉得不做出改变就无法表现出公司积极追求进步的姿态",在这种意识支配下,不断变更口号和标语,并在不知不觉间形成一种习惯,将不断变化当成例行工作,就陷入了"为了改变而改变"的误区。那些经常"为不知道明年该提出什么口号而苦恼……觉得实在

第四章
有助于提升公关质量的信息的故事化——用故事的形式来传递信息

想不到什么好点子"的企业，应该高度注意，因为这样的企业可能已经掉进了思维固化的陷阱。

真正重要的事情是无法轻易改变的。通过坚持重视相同的理念和原则，反复对外宣传相同的思想，可以令人感受到企业的"人文精神"，从而赢得尊重和信任。

我认为不应该轻易改变理念和原则等内核要素，反而要在坚持它们的基础上，将"今年计划开展什么工作"的具体行动目标转化为标语和口号，并认真贯彻落实下去，这才是真正科学有效的做法。

采访的记者在说服自己的上司时，同样也需要印证数据

在上文中，对"四大灵魂拷问"相关准备工作进行了介绍，明确了印证数据和佐证资料的重要性。在赢得媒体记者的支持后，由他们出面说服自己的上司时，这些证据和资料的作用是非常重要的。

某报社的记者对公关宣传资料非常感兴趣，特意前来进行采访。在采访过程中，我们提供了印证数据和佐证资料，并交给他带回去参考使用。虽说得到了接受采访的机会，但最终是否能作为报道刊出却是个未知数。因为在报社中，有一个被称为"总编部"的部门，它是整个报社的核心，负责研究讨论"应该刊载什么样的新闻"。

如果记者能充分说明"这个新闻是有影响力的,这些材料可以提供足够的佐证",就有可能赢得总编部的认可,采访内容通过审查,最终形成报道刊出的概率就会增大。

但是,如果不向记者提供印证数据和佐证资料,当记者面对总编部进行说明时,可能就会露怯,只能无奈地空谈"我认为这个新闻非常不错……但是,手头上缺乏有效的证据"。这样一来,自然会影响效果,采访内容被报道刊载的概率就会降低。更糟糕的是,记者还可能因此被总编部训斥:"你是怎么搞的?为什么会去采访这种毫无实际内容的垃圾新闻?"可以说,这种由于公关部自身准备不足,导致特意来采访的记者受连累而遭到严厉批评的问题,是极有可能发生的。

那么,为什么要准备印证数据和佐证资料呢?究其原因,是希望吸引媒体前来采访。但是,在此之前,必须做好充分的思想准备,时刻保持"为媒体服务、做媒体后援"的心态,提前准备好各种数据和资料,我认为这是非常重要的。

公关工作需要付出许多,虽说与对象进行了接触,却不一定都能取得成果。因为最终做出决定的是公关对象。明明准备好了资料,接受了采访,却迟迟未能见报,这种情况并不少见。特别是在公司还默默无闻时,往往会出现劳心劳力,却不见回报的情况。但是,在开展工作时是否真心为对方考虑,将对最终能否取得成果带来巨大的影响。公关工作本质上需要持之以恒的精神,它不会立竿见影,只有在付出努力和时间后,才会逐渐显现效果。

亚马逊如何公关
amazon

越是规模小的企业，越容易找到适合自己的公关策略

2003年，我刚进入亚马逊担任公关部部长时，亚马逊还是一家名不见经传的小公司，根本无法与现在相提并论。作为连接公司内外桥梁的公关部，员工人数捉襟见肘，真正关注亚马逊动向的媒体更是少得可怜。如上文所述，当时的亚马逊是一家创业企业。

我认为正是因为认清了自己属于"小型企业"的现实情况，亚马逊才能找准定位，充分发挥想象力和创造力，采取适当的行动实现自己制定的目标和策略。

一年内成功向30家媒体推荐亚马逊统计的热销商品排行榜

进入亚马逊后，我走访了各个部门，广泛听取员工们的意见建议，结果发现亚马逊拥有丰富的数据，值得重点关注。在亚马逊的平台上，几乎可以实时显示每天的销售数据。只是公司内的员工每天都忙忙碌碌，根本没人去思考应该如何利用这些数据，导致这笔宝贵的财富被闲置浪费。

于是，我产生了一个想法，"制作亚马逊统计的排行榜，并发送给媒体"，借此解决如何充分挖掘这个宝藏，如何提升

第四章
有助于提升公关质量的信息的故事化——用故事的形式来传递信息

亚马逊品牌价值的实际问题。

只是如果贸然将排名数据发送给没有特殊需求的媒体，是不会得到任何回应的，可以说是徒劳无功，白费力气。因此，我们对包括专业杂志在内的刊载排名数据的报刊进行了彻底调查。

比如，某音乐杂志根据某唱片连锁店的销售额数据，刊载了"1月的CD销售排行榜"。于是，我就根据亚马逊的销售业绩，制作"2月的CD销售排行榜"，并向音乐杂志的责任编辑发送邮件，询问"是否方便使用这个数据制作新一期的排行榜"。

或者，在发现某周刊杂志根据连锁书店的销售数据，刊载了"本周工具书排行榜"后，我就根据亚马逊的销售业绩制作了近一周的工具书销售排行榜，并向周刊杂志的责任编辑发送邮件，询问"是否能够使用这一数据"。

正所谓功崇惟志，我们一直按照上述方式，坚持不懈地向报纸杂志推荐我们的排行榜。

并不是所有的媒体都会采用我们的排行榜。但是，在一年的时间内，还是有30多家媒体选择信任我们，决定"从现在开始，刊载亚马逊提供的排行榜"。此外，还有些媒体主动提出"在特刊中使用亚马逊的排名"，对我们而言，这是莫大的肯定和鼓励。

通过这种方式，我们逐渐赢得了读者的信任，他们纷纷表示："在杂志和报纸中看到了'亚马逊调查'这一值得信任的品牌。"于是，一些之前没有刊载亚马逊排行榜的媒体也开始有合作意向了，觉得"亚马逊真的拥有数量惊人的数据，是个值得合作的伙伴"。

顺便提一下，各个媒体决定刊载采用亚马逊排行榜的理由多种多样。但是，其中较多的是"亚马逊可以提供几乎实时的数据"。假设唱片商店的销售额统计花费了一周时间，那么唱片商店提供的排名数据反映的就是"一周前的销售情况"，因此就会与当前情况发生偏差。如何尽量缩小这个偏差是媒体的潜在需求。

实际上，在亚马逊的排行榜中，往往有许多当时还不为人知的商品会名列前茅。注意到这一点的媒体记者也会大吃一惊，问："为什么这种商品的排名会这么靠前呢？"但是，经过一段时间后，这种商品就开始在实体店中大卖，并迅速走红全日本。可以说，这种情况时有发生，并不少见。

如果问我们为什么会采取这种方法，实际上是迫于无奈的。主要是因为亚马逊有一条基本方针，"不能对媒体披露销售额和市场占有率等具体数字"——这是客观存在的真实情况。即使我们想宣传某种商品非常畅销，根据公司的方针，也绝不能具体说出"到底卖出了多少个的数字"。只是这样做会丧失媒体的信任，令他们觉得"这家公司完全不提供数字，就算我们想去采访也无能为力"。面对这一局面，我们唯一能提供给媒体的就是面向顾客公开的"亚马逊排行榜"。

颇具讽刺意味的是，我们之所以能灵活运用排行榜，也是迫于无奈而想到的应急之策。

根据切入点不同，数据可以发挥出乎意料的作用

因此，我们对排行数据进行了深入挖掘，在最大程度上发挥了其作用。

比如，某位著名作家不幸去世，在这种情况下，他的作品备受读者追捧，如火箭般蹿升到排行榜的前列。亚马逊排行榜是对所有顾客公开的信息，因此公关部可以毫无隐瞒地直接将这个信息提供给媒体记者。

我们特意通过邮件将该作家的作品排名急剧上升的数据发送给了电视台的记者。结果，在策划这名作家的追悼专题节目时，电视台用到了我们提供的数据。他们向观众们介绍说："××先生是一位备受大众喜爱的作家。特别是他的《××》，据说在亚马逊排行榜上非常有人气，排名急剧上升。"

在挖掘这一数据的作用时，我们的初衷是尽自己的所能提供可以实现多方共赢的信息，并达到了理想的效果。比

如，对观众而言，在看到报道后，能勾起深藏在脑海中的美好回忆，觉得"嗯，他竟然还有这么一部作品，不愧是一名好作家呀"；对媒体而言，会为此感到庆幸，觉得"幸亏有可以印证的数据，才能达到这么完美的效果"；对亚马逊而言，能够得到提升销售业绩的机会，因为"看了节目的观众可能会在亚马逊网站上购买图书"，并且，通过这次成功的案例能够赢得媒体记者的信任，与之构建长期合作关系，甚至有些媒体会主动抛出橄榄枝，提出"如果有类似的数据，一定要第一时间通知我们"的需求。

在自己公司中，也潜藏着"可以通过排名形式传递的信息"

此外，我们还尝试了一种做法，那就是紧密关注日本全国各地的互联网新闻，尽可能发现有用的信息。当看到"出现了某种潮流时"，就回过头来调阅亚马逊的销售数据。如果通过对比，发现确实存在这种潮流，就向当地的媒体发送信息，说明"出现了这样的潮流，实际上，亚马逊也注意到了相关动向，并有足够的数据进行印证"，与此同时，再附上排名结果等作为证据。

给我印象最深的是与日本职业棒球联赛中日龙队的吉

第四章
有助于提升公关质量的信息的故事化——用故事的形式来传递信息

祥物"多阿拉"①相关的书籍《多阿拉的秘密》（PHP研究所）。虽然我们也听到过"可能会掀起多阿拉热潮"的传言，但是没想到的是它居然独占亚马逊畅销书榜的榜首，取得了令人瞩目的骄人成绩。于是，我们就向各大媒体推荐"在亚马逊的畅销书排行榜中，独占鳌头的是一本名叫《多阿拉的秘密》的书"，最终推动了多阿拉热潮的不断扩大。

如果仔细研究一下亚马逊的销售数据，就会发现许多令人感到惊讶的现象，常常让人觉得想不通，不禁想问"为什么会这样"。比如，在家居和厨房领域中，连续三年排名销售榜第一位的鼻毛刀就是其中一个典型的例子。可能制造商们也注意到了这一动向，因此，从第一年只有少数几个品牌的鼻毛刀，发展到第二年的翻一番，直至第三年再翻一番……市场上已经出现了庞大的鼻毛刀厂商阵容。

在亚马逊网站上，鼻毛刀也算得上是热销的王牌商品了。但是，在社会上，这并没有引起多大的轰动。大家可以想象一下，我们在商场里很难发现鼻毛刀究竟摆在哪个货架上，就算找到了，真正去买也是需要一定的勇气的。此外，由于鼻毛刀一度还改了名字，被称为"鼻毛修剪器"，因此在商店里确实

---

① 多阿拉（Doala）是日本职业棒球联赛中日龙队的吉祥物，诞生于1994年，所以它的背号是1994，模样是一只蓝色的无尾熊。虽然无尾熊是个看似温驯的动物，但其实这个吉祥物一点儿都不安分，常常捉弄球员，拍照抢镜刷存在感，因此在日本的吉祥物界有很高的人气。

很难找。

  出于上述原因，我们向媒体记者们展示了相关数据，并传递了一个信息，那就是"实际上，在亚马逊的网站上，'鼻毛刀'非常畅销"。结果，他们将这个线索作为话题之一，进行了深入的报道。

  除此以外，在男性化妆品领域，当除臭类商品开始流行时，我们向媒体发送了一条消息，评论称："该类商品的排名呈现出上升趋势。这可能说明男性群体注重自身形象和仪表的意识正在进一步增强。"

  我认为亚马逊自己就经营网上商城，因此，对销售额数据进行排名是有得天独厚的优势的。但是，实际上，无论在哪个行业和领域中，只要把握了下述诀窍，任何企业都可以相对快速地进行数据比较。

  ·以排名的形式发布本公司的销售额，直观地发现哪种商品是市场需要的。此外，认真研究排名靠前的商品受欢迎的理由，并向媒体提供相关信息。

  ·分析销售额数据，挖掘其中不同寻常的点。比如，在某个季节突然畅销、在某个地区突然畅销、此前基本上卖不动的长尾商品突然畅销等，推测其原因，然后作为新闻向媒体推荐。

与各种类型的利益相关人接触时应注意的沟通方法

下面，我将围绕顾客、企业客户、股东等与企业经营密切相关的不同类型的利益相关人（Stakeholder）进行分析，力争明确针对其开展公关活动时应注意的问题。

对象 1　顾客

正如上文所述，在构建与顾客之间的关系方面，最为重要的就是设想"顾客需要我们提供什么样的商品服务？""在什么样的情况下，顾客才会选择我们提供的商品服务？"也就是说，我们要站在顾客的立场上思考问题，设想他们可以接受的场景。为此，我们就需要聆听潜在顾客的需求，并事先做好准备，真正了解"在什么样的状态下，顾客会自然而然地接受"，这一点至关重要。在这一基础上，我们还应通过逆向思维，推导出"应该向顾客讲述什么样的故事，才能赢得他们的认可，并自然而然地想采取下一个行动"。之后，我们还要将其应用到实践中，这一点同样非常重要。

在这一过程中，人们经常会犯"三大错误"，即光顾着讲述自己想传递的信息；不懂得换位思考，设想的都是顾客不认同的场景，并计划直接向顾客灌输自己的想法；不懂得聚焦重点顾客，忽视矛盾的特殊性，采取缺乏针对性的普遍策略。公关负责人经常会陷入"三大错误"的陷阱，并为此烦恼不已。针对这种情况，我们需要进行逆向思考，向上追溯企业理念等根本性的原则。比如，之所以会出现"不懂得聚焦重点顾客，忽视矛盾的特殊性，采取缺乏针对性的普遍策略"的问题，往往是因为从研发时期开始，企业就完全没有考虑自己希望重点争取的顾客群体，忽视了他们的特殊需求。

即使是亚马逊，也经常会出现这个问题。当我们向公司内的同事提出"这个服务是以哪些顾客群体为对象推出的"这个问题时，我们得到的答案往往是"不限男女，老幼咸宜，全都适用"。由于在开发时，技术人员想得最多的就是"改进各种各样人群的生活方式，提升他们的生活质量"，因此设想的受众群体自然是越广泛越好。虽然我很理解这种情怀和心情，但是这样做的结果往往是缺乏针对性，导致自己想表达的信息无法传递给任何人。在这种情况下，公关负责人应该切实负起责任，稍微细化一下具体目标，比如"如果这次从××背景出发，针对××顾客进行公关，可能很快就会得到回应。因此，我们决定在这个场景下，按照这种方式，对××顾客讲述能够激起共鸣的故事"，这一点非常重要。

此外，"谁来讲述这个故事更能激起共鸣"同样是一个非常重要的问题。希望大家一定要重视，将发现善于讲述故事的人当成工作的一个重点。如果是讲述红酒方面的知识，与那些不具备相关背景的员工相比，对红酒非常了解的员工无疑更有说服力，也更能赢得顾客的青睐。从我的经验来看，公司内往往人才济济，堪称人才的宝库，有许多拥有我们意想不到的知识和经验的人。与贸然请求公司外的专家帮助相比，应该先秉承"公司内是否有这方面人才"的原则，进行搜索和了解。在确认公司内没有相关人才后，再对外请求协助也为时不晚。

对象 2　企业客户

亚马逊的企业客户多种多样，涉及的范围很广，既有协助物流中心运营的合作企业（零售商），也有在Marketplace上经营的商家（卖家），还有向Amazon.co.jp供货的商家（供应商）等。针对这些企业客户，亚马逊一贯采取同样的基本立场——企业客户具有两面性，一方面"企业客户也是顾客"，与此同时，"企业客户还是亚马逊的合作伙伴，它们通过亚马逊的制度，追求不断提升顾客满意度的目标"。

针对企业客户，亚马逊往往会重点表达两方面的信息：一个是"亚马逊致力于营造安心、安全的工作环境"；另一个是"亚马逊从不吝惜在引领创新方面投入资金"。以物流中心为例,"在员工人数众多的物流中心内,构建了各种各样的制度,确保员工可以安全、安心地工作"。同时,"在物流中心的出入货业务方面,亚马逊积极推行技术革新,着力引进新型设备,时刻秉承与时间赛跑的原则,以分秒必争的姿态,力争尽快将货物送到顾客手中"。在此基础上,作为一贯坚持的立场,亚马逊还会向企业客户说明"这些都是基于亚马逊高度重视的企业使命提出的",并展示出"如果您认同亚马逊的这些基本理念,那么请务必与我们一同携手,共创美好的未来"的姿态。

由于企业客户是为共同愿景而奋斗的合作伙伴,因此,应该先在公司内部明确下列问题:在哪些方面能够激起对方的共鸣?如何争取对方成为志同道合的合作伙伴?如何建立联系?如何保持合作伙伴关系?之后,公司还要根据这一方针,对外公布信息,争取实现理想的效果。

对象 3　股东

亚马逊是在美国纳斯达克上市的股份制公司,每年都要在美国西雅图举行一次股东大会。据我所知,这个股东大会的层级很高,对外严格保密,当我还在亚马逊任职时,有资格出席会议的人不过区区几十位。股东大会期间,杰夫·贝

第四章
有助于提升公关质量的信息的故事化——用故事的形式来传递信息

佐斯会简单地通报有价证券报告书的主要内容。因为一般不会有人提出什么实质性的问题，所以股东大会往往持续不了多久就会结束。

那么，这么一个重要的大会过程为什么会显得那么轻松简单呢？这是因为亚马逊的股东基本认同一个理念，那就是"与其将精力浪费在股东大会上，还不如多向主业聚焦"。实际上，正如"序言"中提到的，亚马逊与股东的直接交流主要是依托致股东的公开信实现的。在每年的致股东公开信中，都会一同邮寄"1997年的致股东公开信"。这已经成为一个不成文的惯例，这么做只是为了彰显"亚马逊从未改变为提升顾客满意度而奋斗的初心"。由于亚马逊的股东都是"高度认可亚马逊的这一理念，才出资购买股票的"，因此无须过多的繁文缛节，只是简单地开一个股东大会，寄一封公开信就足够了。

也许亚马逊是一个极端特殊的个例。但是，如果非要追问"对股东而言，最满意的事情是什么"，那么得到的答案肯定是"股价上涨"。从构建长期信任关系的角度来看，人们希望引起股价上涨的因素不是短期的，而是长期的。

因此，我认为明确发出信息，对外表明"我们一直在为了提升顾客满意度而不断努力！这些成果将在长期影响中有所体现"，是非常重要的。

亚马逊如何公关
amazon

顺便提一下，被称为"投资之神"的沃伦·巴菲特[①]经营的伯克希尔·哈撒韦投资公司[②]，于2019年大量买进亚马逊的股票。众所周知，巴菲特非常喜欢大量买入并长期持有自己看好的企业的股票，他的这一经营方法备受外界关注。在接受美国消费者新闻与商业频道（CNBC）的采访时，巴菲特甚至公开表示"我一直是亚马逊的粉丝，过去没有买进亚马逊的股票是一个愚蠢的选择"。作为亚马逊的前员工，在听到"投资之神"希望与亚马逊构建长期信任关系的表态后，我不由得感到万分自豪与骄傲。

一旦发生不测之后……

在本章的最后，我将围绕危机公关的问题进行介绍。作为公关负责人，我一直祈祷不要发生类似事态。但是，在实际工作中，我们还是会遇到信息泄露、商品和服务事故等许多导致严重社会问题的突发事态。尤其是近年来，企业员工通过社交账号发表不当言论等社会问题日益凸显，所谓"有备无患"。在下文中，我将针对这一问题进行详细分析。

[①] 沃伦·巴菲特（Warren Buffett）：1930年8月30日生于美国内布拉斯加州的奥马哈市，全球著名的投资商。
[②] 伯克希尔·哈撒韦公司创建于1956年，是一家主营保险业务，在其他许多领域也有商业活动的公司，该公司投资业务通过购买其他公司股份来实行，持有苹果、美国特快邮递、可口可乐、联邦家庭贷款抵押公司、华盛顿邮报等公司的股份。

第四章
有助于提升公关质量的信息的故事化——用故事的形式来传递信息

在进行危机公关时，最重要的是迅速向外界传递信息，明确"自己现在应该做什么才能将受害者蒙受的损失以及今后可能遭遇同样伤害的人的不安情绪控制在最小范围内"。可以毫不夸张地说，没有什么是比这更重要的了。

这是因为受害者会感到焦虑，担心"事态是否还会进一步升级，自己是否还会遭遇更严重的损失"。同时，其他人也会产生顾虑，害怕"自己也会遭受同样的伤害"。对此，我们需要做的就是彰显自己正在采取某种行动，尽力消除顾客最大的不安和担忧。

同样，面对危机时最差的处理方式就是隐瞒事实，推脱责任，将问题和责任推卸给其他人，一味埋怨"都是公司内××的问题"。或者丧失原则，包庇纵容，为真正犯错误的人打掩护，谎称"不是公司内任何人的责任"。这些做法会令希望了解情况的一方感到愤怒，因为从他们的视角来看，"这些都不是应该最优先考虑的问题"。

最近，我听到了一位遭遇突发事件的企业老板的说辞，他坚决否认自己有责任，声称"这件事情我并不知情""都是下面的人自作主张"等。可以说，这种处理方法是下策中的下策，不但无法撇清责任，还会加深负面印象，不利于实施危机公关。

此外，作为常年工作在公关岗位上的宣传人员，我认为最好能够摒弃在"全都了解了""全都解决了"之后,才对外表态的做法。当明确了一件事,或者决定了一件事时,就应该尽快向媒体等公布。这是因为媒体的使命就是尽早向观众和读者报道关于社会问题的详细信息。此外,随着时间的推移,遭遇问题的受害者和担心自己可能受到影响的人们,也会感到越来越心慌,会认为:"为什么这么长时间还没有消息?是在隐瞒什么问题吗?"越是影响大的问题,这种倾向就越为明显。无论你多么努力想以最快的速度汇总相关事实,总是跟不上社会舆论要求的时效性。

在亚马逊工作期间,我一直保持"分秒必争快速公开信息"的心态,积极与媒体和急切等待信息的客户进行接触,尽全力提供保障。但是,在实际工作中,无法满足他们需求的情况还是屡屡发生。随着公司组织结构越来越庞大,甚至还出现了无法及时掌握公司内部信息的情况,有时令人感到焦急万分,却又无可奈何。

之所以会出现这种情况,是因为相关人员认为"这个问题非常重要,需要认真梳理情况,进行充分总结后,再对外公布"。作为公司内部的当事人,我非常理解他们的心情。但是,这与公关对象提出的要求之间存在着巨大的差距。

最重要的是模拟"不测事态",锻炼危机应对能力

此外,在危机公关中,有一点非常重要,那就是"提前模拟发生不测事态时的情景"。具体流程如下:

· 系统可能发生故障。

↓

· 一旦发生故障,可能对顾客造成的最大影响是××,对企业客户造成的最大影响是××。

↓

· 在遭遇最大影响的情况下,针对顾客立即采取××措施进行应对,针对企业客户立即采取××措施进行应对。

↓

· 立即成立以董事长为首的×名成员的紧急应对小组。公关部的××负责应对媒体,××负责应对顾客,××负责应对企业客户。

企业应当列举所能预想到的所有故障和事故(每个业务部门至少10项),事先模拟"一旦发生故障……"的情形。此外,企业还要认真分析发生概率较高的故障是什么,针对这些故障,制订周密的计划,定期进行模拟演练。当然,真实故障并不会完全按照模拟脚本那样发展,但是如果平时能够针对突发事故进行准备,那么突发事故的应对水平肯定会得到提高。

171

在事业进入正常轨道,呈现出蓬勃发展的状态时,人们往往会丧失"以防万一"的谨慎心态,在无意间忽视应急处置的准备工作。但是,这种模拟训练是非常必要的,通过这种常态准备,可以重新认识到自己公司的强项和弱点。因此,企业必须抽出时间开展相应工作,确保万无一失。

第五章

快速提升工作效率
即学即用的自我公关法

只要用心，人人都能发掘自身的优点与强项

在第五章中，我将就商务人士可以即学即用的公关思维和行为方式进行介绍。

我必须向大家交代清楚一点，"人人都可以发现或创造出属于自己公司和个人的优点与强项"。

梳理特征，通过逻辑关系进行串联，形成属于自己的"独一无二"的故事

我们经常会使用"Resource"这个单词，翻译过来就是"资源和优势"。在某种理念的指导下创业，并一直坚持拼搏到现在的所有企业，本来就应该是"与众不同、独一无二的"。

那么，能明显区分自身与其他企业的要素究竟有哪些呢？

·理念。这是指企业秉承什么理念创立，又是在什么理念指导下开展工作的。

·人。这是指企业由什么样的管理者管理，又聘用了一群什么样的员工。

·商品和服务。这是指企业向社会提供什么样的产品和

服务。

・设备。这是指企业拥有什么样的设备。

・环境和营业地点。这是指企业在什么样的场所开展经营。

梳理出这些后,通过逻辑关系进行串联,就可以明确证明你的企业是独一无二的。因此,自然就能讲述出"别人无法复制的,属于你们企业的与众不同的故事"。

如果能在结尾时补上一句"因此,我们可以做到××"的话,就可以实现故事与优点的完美结合,发挥相辅相成的作用。

下面举两个例子:

"在创业之初,我们给自己的定位是通过玩具为孩子们带去欢乐的企业(理念),我们公司内聚集了一大批精通玩具的员工,他们对玩具的了解超出了一般人的想象,经常会令人感叹'竟然连这都知道'。可以说他们是用一颗童心去对待玩具,并享受其中快乐的(人)。因此,我们可以真正做到从孩子们的立场出发,当好'玩具顾问',充分发挥自己的作用,陪他们度过充满美好回忆的童年时光。"

"我们公司是一家策划开发'那些看似普通但平时却买不到'的日用品的公司(商品和服务),平时在家居中心营业(环境和营业地点)。因此，我们可以与世界范围内的各种制造商合作，为客户营造完美的学习环境、运动环境和睡眠环境。"

无论是个人，还是企业，都可以通过相同的流程展示自己的优点

在发掘自身的优点时，个人只要稍微改变一下形式，完全可以按照相同的流程操作。

·价值观，就是自己在生活中最重视的原则是什么，现在是什么状态，今后又会怎么样。

·朋友、熟人、家人，就是自己周围接触的都是些什么样的人，现在是什么状态，今后会怎么样。

·兴趣和特长，就是自己热衷于哪些活动，现在是什么状态，今后会怎么样。

·财产，就是自己拥有什么，现在是什么状态，今后会怎么样。

·环境，就是自己在什么样的场所生活，现在是什么状态，今后会怎么样。

梳理出这些因素，并试着将它们串联在一起，就可以形成"专属于你的故事"。比如，"我出生在日本山梨县（环境），大学时代在日本千叶县度过（环境），因此非常喜欢冲浪（兴趣和特长）。现在，我经常驾驶房车（财产）和野营伙

伴（朋友、熟人和家人）一同享受日间野营的乐趣"。当然，通过这种表达方式，可以再次确认在现实生活中，根本就找不到与你人生轨迹完全相同的人。

在此，如果再加上一句"因此，我可以做××"，就可以进一步增强故事的说服力。

比如，"因此，我可以当大家的向导，带着大家畅游山梨县和千叶县""因此，我可以手把手地辅导初学者学习冲浪""因此，我可以策划主办野营活动""因此，我可以在人群聚集的热闹集会中发挥热场的作用"等，只需要简单总结，就可以列出多种优点。在列举时，不用太多考虑这些优点是与业务无关的，还是与业务直接相关的，只需要试着全都列出来就可以了。

无论是人脉（横向）、时间轴（纵向），还是看似弱点的事情，都应该最大限度地打开视野进行思考

在发掘企业和个人的优点时，我希望大家能够"尽可能地拓宽思路"。

比如，人脉（横向）。在企业方面，一提到有什么优点，人们往往容易"只考虑公司自身的实力"，在个人方面，也往往容易"只考虑自己认识的人"，这是一种常见的认识误区。但是，实际上，在企业方面，如果"你的企业客户是世界500强的龙头企

业",这本身就是一个优点。在个人方面,如果"朋友的熟人中有能量很大的人,并且自己可以通过朋友与他接触上"也算是一个优点。不过,这么做的目的并不是向人炫耀"我的朋友圈中,有这么一个厉害的角色",而是提醒自己"我所拥有的优点和资源远比想象中的强大"。

再比如,时间轴(纵向)。无论是企业还是个人,当遇到"过去曾经做成过某件事,但是现在已经不做了"的情况时(过去的事情),应该回溯历史,将曾经的成果列为优点。此外,当遇到"之前从来没有计划这么做,但是最近打算做起来"的情况时(将来的计划),如果基本决定要做,那就也可以将其列入自己的优点当中。

还有,环境和出身。那些自己觉得可能是弱点的事情,从其他人的角度来看,或许是"极具魅力的"。例如,"四周都是山川和湖泊,非常荒凉,没有任何商业气息"的地方,在喜欢田园生活,乐于在山水之间闲适度日的人看来,就是最理想的生存环境。

如上所述,如果能试着梳理出"朋友的熟人也是自身的优点""历史和未来都是自己的优点""看似弱点的事情也可以转化为优点"等规律,就会发现自己身上的闪光点多到远远超出了想象。

要想找到自身的优点，最有效的途径就是多向他人咨询

在前文中，我就发掘自身优点的方法进行了介绍。

但是，我认为在发掘自身优点的众多方法中，有一种方法比自我认知更为有效，也更值得推荐，那就是"向其他人询问自身的优点所在"。这是因为人们往往容易被既有的思维定式所束缚，存在只从自己熟悉的角度看问题的倾向。当你问对方"能不能说说我的优点在哪里"时，如果对方直接回答，那么事情就变得非常简单了，效果也是非常明显的。但是，许多人会很担心"一旦发现自己身上一无是处，没有任何优点，会变得没法收场"，因此放弃了向他人咨询的念头。为了打消这种顾虑，我认为应该"放松心情，以轻松的方式去询问对方的意见"，也可以"多去咨询一些人，多征求一些意见"，还可以"根据自己的感受，提前分析对方身上的优点，然后带着诚意和尊重，向对方表达自己的看法"等。

自然而然地想象出"帮助谁的场面"

一旦决定"要发掘自身的优点"，就应该从朋友等容易交流的对象开始咨询意见，然后逐渐拓展至志同道合的伙伴、

家庭成员、社会关系等各种社交群体。只是有一点需要特别注意，如果你突然问："能帮我总结一下身上的优点吗？"这可能会令对方感到无所适从，难以给出准确的答案。

因此，需要在轻松的环境下，用看似不经意的语气与对方闲聊，这样提问的效果才会最好。比如，"你觉得我是什么类型的人呢？""我想反思一下自己身上有哪些特征，你能帮我一起看看吗？""认识我到现在，你觉得我有在哪些事情上帮到过忙吗？"等。实际上，我之所以会选择在公关部就职，就是在学生时代受到了当时已经在社会上工作的学长的影响。有一次，我问他："在我步入社会后，您觉得我适合选择什么部门就职呢？"结果他的回答是"公关部"。当时，我连什么是公关都说不清楚，自那以后，我开始恶补相关知识，并对公关产生了浓厚的兴趣，最终被公司录用后幸运地分配到了公关部工作。

在听完别人的意见后，最好将留在印象中的关键词做笔记记下来。比如，如果有人说你"既开朗又幽默"，那么你就可以将开朗和幽默作为自己的优点。有时，可能某个圈子的人认为你"既开朗又幽默"，而另一个圈子的人认为你"沉默寡言，不好接触，总给人一种拒人于千里之外的感觉"。这是非常正常的，恰好也能给你提个醒，令你注意到"自己存在两面性，根据圈子不同，表现出的态度也不同，有时会很开朗,有时则沉默寡言"。

  这样通过多方面开展信息搜集,自然能够梳理出自身的优点。这些优点自然能发挥一定的作用,可以"帮到某个人的忙",比如,令人感到开心快乐;帮助人脱离困境;激励某人,帮他振奋士气、鼓足勇气。

可以从现在做起，创造符合自身特点的优点

我经常听到有人抱怨"不知道怎么去发现自身的优点"。

我想对这些人说："只要从现在开始做起，总能挖掘出符合自身的特点的优点。"比如，如果你的周围没人爬上过非洲大陆最高峰乞力马扎罗山的顶峰，那么你就应该试着去登顶。在这种情况下，自然需要提前沟通协调，做好体力储备和请假等各种准备。但是，一旦登顶成功，在聊天时就可以向别人分享"我曾经登上过乞力马扎罗山的顶峰"，这样一来，就会有许多人主动上前搭话，问"你是从哪条路线上去的？""你用了多少天登上去的？""山顶的景色如何？"等。可以说，只要经历过一次这种体验，就意味着你具备了值得自豪和炫耀的优势。

发现值得期待的切入点，创造属于自己的优点

有些事情本身并不特殊，做起来难度也不大。但是，如果能够灵活地转换视角和切入点，同样可以将其转化为自身的优点。平时我们可以试着去寻找那些"之前谁都没有做过"，但是"自己可以试着做做"，并且"能够得到某些人认

可"的事情，然后认真地推进落实。

下面，我将列举简单的事例进行说明。

比如，我们从未听说有人能将自己所在城市的小吃店全都逛一遍，能够尝试去做这件事的人就会给人一种与众不同的感觉。再比如，北海道有一座名为阿寒湖的美丽湖泊。如果坚持每周六都在博客上传阿寒湖美景的照片，也算是一件特别的事情，因为"在现实生活中，能够坚持每周上传照片的人远比想象的要少"。单从每个行为本身来看，似乎都是可以轻松实现的，但如果从"养成习惯""持之以恒"的角度来看，这些行为又具有显著的个性化特征，可以成为一个人的优点。

同样，可以说"先后前往地球上气温最高和最低的地区旅游"，也是一种其他人没有经历过的特殊体验。这是一个通过"搭配组合"的方法，彰显个性化特点的实例。

最近，我听到一个新词，叫作"零合目[①]登山"，给我留下了深刻的印象。一般来说，登山者都是从富士山的第五层，也就是"五合目"开始登山的。但是，在零合目登山的情况下，登山者是从盘山道的起点浅间神社开始登山的。由此可见，通过选择"与众不同的方法和手段"，同样也能体现

[①] 合目，山岳用语，主要用于富士山等著名的山脉。一般从登山口到山顶被分成10份，登山口就是"一合目"，山顶是"十合目"。

个性化特点。

如果能事先进行一定程度的验证,明确"之前从来没有人做过",那是最理想不过的。但是,在现实生活中,我们往往难以严谨地确认"是否有人曾经做过"。因此,只要我们心中有了明确的想法和念头,觉得"之前好像没人做过""我可以做做试试""如果能讲清动因和经验体会,一定会得到支持和认可",那么,就可以下定决心,以轻松的心态去尝试一下,这也是一个合理的选择。

创设新头衔,也是一种方法

作为"创造自身优点的方法"之一,"创设新的头衔""改变所属领域"也是非常值得推荐的。

我有一位朋友名叫冈本纯子。她曾经担任过全国性报纸的记者,现在主要负责人才培养、培训以及企业公关咨询工作。之前,在美国居住时,她几乎每天都会看到当地媒体有关"孤独"已经发展成为一种"时代病"的报道,这激起了她强烈的危机意识,觉得"看看自己周围,全都是一些沉迷于工作不能自拔的上班族,令人容易陷入孤独之中"。但是,应该怎样做才能激起大家的共鸣,吸引更多的人注意到这个问题呢?对此,她想到的办法就是将关注的焦点集中在"中年大叔"身上。之后,她给自己创造了一个头衔——"'中年大叔'问题研究专家"，并积极对外宣传。2018年2月，她出版了《世界上最孤独的日本中年大叔们》（角川新书）一书，将如何提升中年大叔们的沟通能力和探索摆脱孤独困扰的方法，作为奋斗的事业和目标，积极发挥自己的作用。这是通过创设新头衔，向更多的人传递信息的绝佳实例。

我还有一个熟人叫五十岚真由子，她号称是"酒吧女公关"。她一边做公关工作，一边以酒吧爱好者的身份，遍访日本国内的酒馆，并通过"东洋经济在线"等媒体讲述自己的故事。像她这样明确知道自己希望研究的领域和主题的人，是完全可以试着给自己定一个头衔的。

还有一些通过改变领域取得成功的例子。比如，"与专家们一起工作的程序员，首次登上节目，拿起麦克风，用简明易懂的方式向普通观众宣传普及编程的基础知识，从而带动许多人近距离感受到了编程的魅力"。可以说，这就是一个通过转换身份取得意外效果的典型实例。在日常生活中，大家可以从"谁会对我们习以为常的事情产生兴趣"的视角出发，试着发掘自身的优点。

有时承受的压力越大，向人讲述故事的效果就越好

就我个人的经验而言，承受的压力越大，面临的局面越紧迫，往往越能"想到好的创意""发现好的优点""发掘好的故事"。在第三章中,我曾经提到过"宠物假"的话题。当时,如果只是对外宣传"新开了一家宠物用品商店",显然是达不到理想效果的。在"不知道想什么办法才好"的巨大压力和烦恼面前,我们充分发挥主观能动性,积极调动公司内外的全部资源,最终想到了"可以休宠物假的企业"的噱头,取得了理想的宣传效果。

正所谓"需要是发明之母"。可以说,当你"感到自己一无所长"时,反而可能是"发掘优势、迸发灵感"的绝佳机会。通过转换思路,你甚至可以将看似弱点的短板转化为强项和优点。

如果你不善于使用电脑,完全可以借机练习书法,写上一笔好字。如果你打篮球的技术不佳,就意味着巨大的提升空间,完全可以下定决心制订计划,"通过一个月的苦练,成为篮球高手"。

如上所述,我建议大家灵活转换思路,将自己的短板、弱项当成潜在的优点,并充分发挥主观能动性,实现化腐朽为神奇的效果。

绝不能将自己想表达的核心内容直接甩给他人处理

在这里，我将就演讲、问答、情况说明、走访推销等需要在公开场合发言时的关键技巧进行分析。

有一点至关重要，"无论什么情况下，你都应该亲自梳理并确定自己想表达的核心内容"。

在现实生活中，我们经常会遇到假借"自己很忙""自己不擅长文字"等名义，堂而皇之地将演讲稿等直接甩给部下代笔的上司。但是，我认为这么做是非常不明智的，也是令人备感遗憾的。这是因为"如果你想要自己的发言真正走进听众的心里"，就必须"有感而发，能够表达出自己的真实感受"。即使你很忙，也不擅长文字，但还是需要做出一定程度的努力，比如，"至少要向部下说明自己想表达的关键词是××、××和××。选择这些内容的理由是……"或者"对部下说明已经将想表达的内容详细列出，希望你以此为基础写个稿子"等。

我以前曾经在软银担任过公关负责人。率领软银取得巨大成功的总裁孙正义本身就是一位知名的演说家。但是，大家可能不知道，他不管多忙都会亲自思考并制定演讲稿的框架和核心内容。

与孙正义形成鲜明对照的是日本内阁的官员们。他们往往会在答辩会上做出一些驴唇不对马嘴的发言，这已经成为备受社会舆论关注的话题。在这些发言中，出现的往往都是一些平时不会犯的低级错误。当然，受时间和分工的影响，官员们往往难以自己制定发言的框架和核心内容，这一点是可以原谅的。但是，我认为如果他们能再用心一点儿，亲自准备发言的提纲和核心内容，自然可以大幅提升发言的质量，从而杜绝类似问题的发生。

需要注意自己用惯了的专业术语

此外，我希望大家能够遵守一条规定，那就是"尽量不要使用专业术语"，这一点非常重要。但是，令人感到不可思议的是，无论在哪家企业中，都存在着"只有企业内部通用的专业术语"。比如，在亚马逊内部，就有一个被称为"指标"（Metrics）的目标管理数值，公司内的员工几乎每天都会用到。但是，对公司外的人而言，很可能根本不知道这个词是什么意思。在使用这种专业术语时，需要充分考虑交流对象的词汇量，最好能使用其他的词语进行替代。一般来说，可以使用"关键绩效指标"（Key Performance Indicator，KPI）之类大家耳熟能详的词进行说明，或者直接对这个词进行解释，比如,"每个工作岗位都会明确规定在某个时间之前完成多少数字的目标，这个目标就是Metrics"。

还有一点值得注意，那就是一定要避免出现"由于行业和职业相同，就认定对方不会误解"的错误认识。

比如,"7月上旬出方案"这句话，你的理解可能是"拿出最初的方案和计划"，但对方希望拿到最终方案。在彼此之间相互了解，完全共享信息的情况下，使用专业术语是非常便捷高效的。但是，如果双方之间的默契达不到这种程度，往往会陷入相互误解的陷阱。

想取得成功，必须长期坚持演讲练习

有些人一上台就会紧张，容易出现怯场的问题，比如，"在做陈述展示时，紧张到说不出话""在演讲时，一站到麦克风前，就忘记应该说什么了"等。针对这些容易紧张的人，我最想说的是"一定要坚持反复练习，就算感到厌烦也不放弃。这样一来，上台之后即使出现紧张情绪，也不会忘记基本框架和核心内容。并且，随着能力的提升，紧张的情况会变得越来越少"。

即便是杰夫·贝佐斯，在正式上台演讲前也会反复进行练习

2012年，在美国洛杉矶举办 Kindle和Fire平板电脑等产品的新闻发布会时，杰夫·贝佐斯提前离开西雅图总部，在洛杉矶停留了一周左右，得到了专门向媒体记者推介新产品的机会。

在此之前，杰夫·贝佐斯特意召集员工集合，并在他们面前进行了预演练习。我也作为员工代表出席了现场。他站在讲台上，时而起立，时而踱步，时而停住……面向大家阐述自己的观点。讲到精彩的地方，杰夫·贝佐斯还会手舞足蹈地表达，

将演讲推向高潮。他将所有的动作都演练了一遍,然后开始与我们这些观众进行交流并征求意见,问我们:"你们觉得哪些动作比较好呢?""有没有什么地方是值得改进的呢?"不仅如此,他还反复观看自己预演彩排时的录像,并不断指出自己发现的问题,比如,"站的位置距离屏幕太近,挡住了部分画面,导致部分座位的观众看不到商品的影像""肢体动作过多,削弱了语言的表现力,反而影响了表达效果"等。

不仅仅是动作,从"再注意一下这个细节,就更有利于对方理解"的角度出发,还需要进一步完善表达方式、语速和时机。一旦动作和表达方式发生了改变,灯光和音响的效果也要做出相应的调整。

正所谓"一分耕耘一分收获",就是这样经过一天多次,并且连续多日的反复彩排,杰夫·贝佐斯才能有演讲时的高光表现。

杰夫·贝佐斯不是天生的演说家,但正是因为经历了长期的不懈努力,才能做出那么充满张力的精彩演讲——时至今日,在我的脑海里仍然能够清晰地回忆起杰夫·贝佐斯一丝不苟地练习的身影,令我感到敬佩不已。

在练习时要全程录像，通过反复观看比对，可以取得飞跃式进步

我认为在演讲和展示方面有三大诀窍，分别是"拍摄练习时的录像""录音"和"请人观看录像或听取录音，并提出意见建议"。特别是"拍摄练习时的录像"，更是操作简便，效果明显。由于可以通过智能手机随手拍摄，并且兼具录音功能，事后向其他人展示时也很方便，因此，我推荐大家使用这个方法。通过观看自己的表现，往往能够发现值得改进的地方。在对练习初期和经过多次练习后的视频进行比对后，可以明显地感受到自己取得的成长和进步，这是一件令人感到非常兴奋的事情。

针对不同情况，需要注意的表达方式的关键点

在本书的最后，我将围绕业务报告、面谈面试、往来邮件等商务人士每天都要处理的日常业务中遇到的沟通交流方面的注意事项，进行介绍说明。

做好业务报告需要注意的关键点

当你面对许多人做业务报告，或者向上司汇报工作进展时，必须先做好一件事，就是"提前做好回答难题的准备"。听取报告的一方，一般都是拥有丰富专业知识和经验的专家。当然，他们提出的问题也可能非常尖锐，会涉及许多技术细节。因此，你必须做好"一旦被问到这个问题该怎么办"的准备，提前将可能会遇到的问题全都列出来，并做好"如果对方提这个问题，我应该这么回答"的准备。

这样做有三大优点：一是可以为自己做好充分的思想准备；二是可以提前发现报告中的不足之处；三是通过快速回答提问，可以与对方构建信任关系，从而更容易赢得好评。

参加面谈或面试时需要注意的关键点

在这里我希望与接受面试的人分享一些诀窍。在现实工作中，大家往往会遇到各种各样的面谈或面试，既有与上司之间的业绩评估面谈、调动任职时与新上司的初次面谈，也有投寄简历后应聘企业人力资源部门组织的面试。但是，在如此繁多的面谈或面试中，最重要的就是"带着问询意识接受面谈或面试"。

在人们的传统观念中，有一种思维定式认为接受面谈或面试的一方就是回答问题的一方，总觉得"不回答好问题不行""必须按照事先准备的内容回答"等。然而，要知道面谈或面试也是沟通交流的一种，需要"双向互动，有问有答"，这一点至关重要。

比如，"我认为……不知道各位是怎么看的""我认为必须实现……方案，但是不知道顾客是否会认可""……到目前为止都是我一个人在讲，如果刚才说的内容有什么不妥之处，还请各位不吝赐教"等。

如果你充分考虑到对方的感受，积极地询问对方是否明白你所讲述的内容，针对你讲到的内容有什么看法，那么对方很可能也会投桃报李，做出"希望与你一起共同努力"的积极反馈。

亚马逊如何公关
amazon

在邮件中"义正词严"地讲"实话"是没有任何意义的

围绕"传递信息"这一主题，商务人士每天做得最多、最频繁的一件事就是"写邮件"。邮件的优点之一就是具有"凭证性"，日后可作为证据调阅。正因为如此，我建议大家在写邮件时，"应该尽量避免使用可能令对方产生负面情绪的语言"。特别是，当你想批评对方的做法和取得的成果时，要格外注意，因为这样容易被对方理解成人身攻击。

比如，在表达"希望对方放弃"的意思时，与其直接写明"请放弃目前的做法"，不如委婉地提出"我有一个不太成熟的想法，不知道与现行做法相比，哪个的效果更好一些"。这样更容易为对方所接受。

再比如，当你"希望对方推倒重来，重做一份理念完全不同的计划书"时，与其直接写明"这份计划书完全不行，因此我希望你按照××思路重新做一份"，不如委婉地提出"将这份计划书作为A方案，同时，我希望你们再基于××理念做一份B方案"，这样更容易赢得对方的理解。

许多人喜欢在邮件中义正词严地讲实话。但是，实际上，发邮件的目的就是为了"在对方读了邮件后，能够按照你所期望的方式采取行动"，这一点是最重要的。因此，我认为发送者在写邮件时应该充分考虑对方所处的情况和感情，慎重措辞，以实现理想的效果。

从这个角度来看，最好能够避免在后半夜等自身情绪容易出现急剧变化的时间段，带着负面情绪去写邮件。平时习惯在这个时间段工作的人，写完邮件后暂时不要发送，应该先去好好睡上一觉，等到早晨情绪稳定后，再重新看一遍邮件，并对部分内容进行修改，然后再发送给对方。

在现实生活中，我经常会听到周围的人抱怨"自己受到了邮件的伤害"。可以说，对收件人而言，本应作为记录凭证的邮件，却成了受到伤害的证据，将烙印深深地刻在了记忆中。然而，发件人根本没有意识到问题的严重性，反而觉得一切都很正常，这才是真正的问题所在。

在当今时代，由于邮件、微信、SNS社交账号等便捷的交流平台越来越多，人与人之间沟通交流的渠道也变得越来越广，无论是谁都可以轻松地发送自己想传递的信息内容。从另一个侧面来看，这也是一个容易产生误解的时代。可以说，有时只是因为一个词语的使用不当，就可能深深地伤害对方。

正因为如此，我们才更应该注意"双向共鸣"而不是"单向灌输"，平时更要时刻留心，与对方构建一种彼此愉悦的沟通关系。

后　记

众所周知，亚马逊的名字来源于世界上流域面积最大的河流亚马孙河。这个名字充分体现了杰夫·贝佐斯创业时的梦想——构建世界上商品种类最全的大型购物平台。我想这是一个充满故事感的名字。对我而言，在亚马逊工作的经历是非常宝贵的财富。因此，我鼓足勇气以在亚马逊的13年工作经历为基础，从"讲述故事"的角度切入，与广大读者朋友分享了自己的心得体会，希望与大家相互促进、共同进步。

那么，是不是亚马逊的员工在公司里每天都要使用"故事"这个词呢？事实绝非如此。我在亚马逊工作时，几乎从未听到过这个词，自己也没有使用过这个词，因为对亚马逊的员工而言，通过讲述故事进行宣传的重要性是不言而喻、深入骨髓和习惯成自然的。

亚马逊之所以能成就自己的特色是由多方面因素决定的。其中，"重视讲述故事"的思维习惯就是其中一个非常重要的因素，我是在离开亚马逊后才体会到这一点的。

这令我受益终身，"故事"这个词也成为我之后工作和生活中的关键词。虽然我不是日本关西人，但是在给自己创业的公司命名时，还是取了日本关西口音的谐音将公司名称定为"AStory"，寓意为"创造精彩的故事"（在关西口音中，"A"的读音是表示精彩的感叹词，"Story"意思为故事）。

在本书的最后，我将与广大读者朋友一起分享一句杰夫·贝佐斯的名言，这是我非常喜欢的一句话："人生就应大开大合，摔得越狠就爬得越高。"这句话令我领悟到了积极挑战的重要性，是我不断前进的动力和支撑。

最后，谨以本书致勇于向未来发起挑战的探索者，希望他们不畏艰险，向着自己心中的目标砥砺前行！

小西美沙绪

参考资料

【参考资料1】
亚马逊的经营范围

亚马逊的经营范围大体可以分为三大领域,分别是零售、数字通信提供商以及云服务提供商。其中,云服务提供商业务由AWS(Amazon Web Service,亚马逊网络服务公司)负责运营。

亚马逊的三大业务领域

零售	在日本,亚马逊主要依托Amazon.co.jp的平台开展业务。与日本相同,以亚马逊总公司所在地美国(Amazon.com)为中心,亚马逊在英国、法国、德国、巴西、墨西哥等多个国家同步开展业务。 此外,亚马逊日本分公司有两大制度: 一种制度是"Marketplace"。在这一制度下,亚马逊以外的卖家,可以通过Amazon.co.jp网站上的市场(Marketplace)板块进行销售。 另一种制度是"亚马逊物流服务"。在这一制度下,卖家只须支付手续费,仓储保管、订单处理、快递业务都由亚马逊代理。

203

数字通信提供商	亚马逊向客户提供电子书服务"Kindle商店"和"Amazon优享视频"等数字内容。
云服务提供商	亚马逊向其他企业租赁自己公司的网络资源,由AWS负责运营。

作者在亚马逊日本分公司任职期间,公司公关部的分工主要如下所示:第一小组是企业公关业务组,第二小组是亚马逊电商服务组,第三小组是数码硬件组,第四小组是数码内容组,第五组至第九组分别是书籍、家电、消费品、生活休闲、时装等各种零售业务组。

【参考资料2】
亚马逊的商业模式

有一次,杰夫·贝佐斯在餐厅与投资人共进午餐。席间,突然有人问:"您能否介绍一下亚马逊的商业模式?"于是,贝佐斯就在膝盖上垫着的餐巾上画了一张图——这就是所谓的"良性循环"。位于中心部位的是"发展",在它的周边有六大要素包围,各个要素之间通过箭头连接。使用的箭头是单向箭头而非双向箭头,可以体现出各个要素在受哪个要素影响后会逐渐扩大。就像在一个封闭的空间中不断发生连锁反应一样,反应的结果就是不断地推动企业的"发展"。

这是一种高度成熟完善的著名商业模式,可以毫不夸张地说,这幅图预言了亚马逊取得的令人惊叹的发展成就,并且将确保其今后不断成长进步下去。

亚马逊如何公关
amazon

代表亚马逊商业模式的"良性循环"

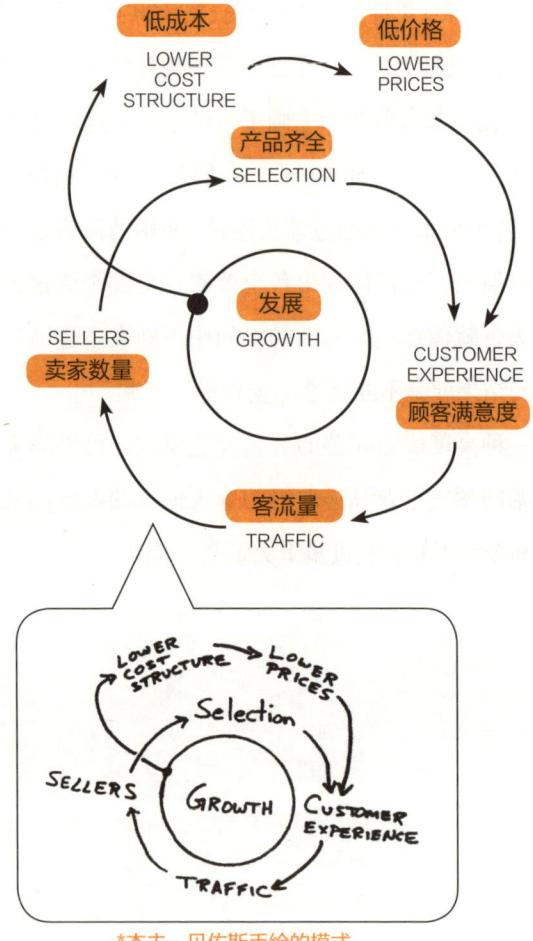

低成本 LOWER COST STRUCTURE

低价格 LOWER PRICES

产品齐全 SELECTION

发展 GROWTH

CUSTOMER EXPERIENCE 顾客满意度

客流量 TRAFFIC

卖家数量 SELLERS

*杰夫·贝佐斯手绘的模式

【参考资料3】
亚马逊的组织机构图

　　亚马逊遍布世界各地的分公司均以位于美国的总公司为中心，按照各部门采取垂直管理。亚马逊总公司拥有最终决策权，日本零售网站Amazon.co.jp的系统变更几乎都由美国的工程师进行操作。

　　位于管理体制顶端的是CEO，其下设各个部门的决策者SVP（Senior Vice President，高级副总裁），还设有数十名VP（Vice President，副总裁），即各分公司的最高管理者，呈现出树状结构的组织特点。VP下设有主管、高级经理、经理三级职务，从组织结构来看，层级相对较少。

　　在运营和零售等部门中分别设有人力资源部门和财务部门，它们不受其他部门的影响，专注于管人的人力资源业务和管钱的财务业务。

　　我在亚马逊日本分公司任职时，公司设有两位总裁，一位是负责零售和服务业务的贾斯珀·张（Jasper Cheung），另一位是负责仓储、客服和供应链业务的杰夫·林田（Jeff Hayashida）。他们的身份很特殊，既是亚马逊日本分公司的总裁，又是亚马逊总公司的VP，都要向总公司的上司汇报工作。

　　"S-Team"是CEO的直辖团队，负责拟制OLP等规定。

亚马逊如何公关
amazon

云服务提供商AWS是一家独立的公司，并不属于亚马逊日本分公司。

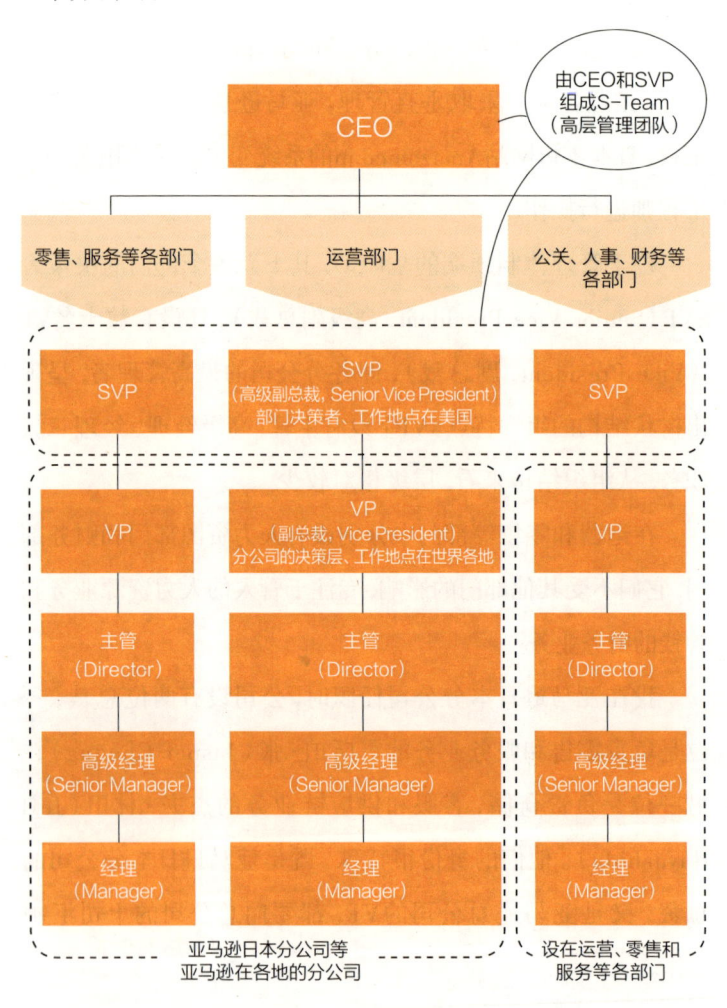

```
                    ┌─────────────┐      ╭─ 由CEO和SVP
                    │     CEO     │──────┤  组成S-Team
                    └──────┬──────┘      ╰─（高层管理团队）
           ┌───────────────┼───────────────┐
      ╱零售、服务等各╲  ╱  运营部门  ╲  ╱公关、人事、财务等╲
      ╲    部门      ╱  ╲            ╱  ╲    各部门       ╱
```

零售、服务等各部门	运营部门	公关、人事、财务等各部门
SVP	SVP（高级副总裁，Senior Vice President）部门决策者、工作地点在美国	SVP
VP	VP（副总裁，Vice President）分公司的决策层、工作地点在世界各地	VP
主管（Director）	主管（Director）	主管（Director）
高级经理（Senior Manager）	高级经理（Senior Manager）	高级经理（Senior Manager）
经理（Manager）	经理（Manager）	经理（Manager）

亚马逊日本分公司等亚马逊在各地的分公司　　设在运营、零售和服务等各部门

【参考资料4】
亚马逊领导力准则（OLP）

OLP是亚马逊所有员工都必须遵守的行为规范，由14条具体条款构成（引自亚马逊网站）。

① 信奉顾客至上（Customer Obsession）。

真正的领导者始终将顾客作为思考问题和行动的原点，他们全力以赴赢得并维系顾客的信任。虽然也会关注竞争对手，但是对领导者而言，最重要的始终是以顾客为中心。

② 具备主人翁意识（Ownership）。

领导者必须拥有主人翁意识。领导者应该具备战略眼光，善于从长远发展的视角出发考虑问题，不能为了追求短期利益而牺牲长期价值。领导者不能只维护自己团队的利益，还要为了企业整体的利益而奋斗。领导者绝不能推卸责任，任何时候都不能说出"这件事不是我的分工，与我无关"之类的托词。

③ 追求创新和简化（Invent and Simplify）。

领导者应要求自己的团队具备创新能力，并始终寻求简洁有效的工作方法。他们不断了解外界动态变化，竭尽全力探寻新的创意，并且保持"兼收并蓄"的开放态度，不局限于"非我创新"的观念。当下决心开始探索新事物时，领导者需要做好长期得不到理解和支持的心理准备。

④ 确保决策正确（Are Right, A Lot）。

在大多数情况下，领导者应做出正确决策，需要拥有卓越的判断能力和经过实践锤炼的敏锐直觉。领导者应寻求多样化分析问题的视角，并通过逆向思维验证自己的判断。

⑤ 保持好奇心和求知欲（Learn and Be Curious）。

领导者应当充满求知欲，从不停止学习，并不断寻找机会提升自我。领导者对各种可能性充满好奇，并通过实践不断探索求证。

⑥ 善于选贤育能（Hire and Develop the Best）。

领导者应当善于提升招聘和晋升员工的标准。他们从不吝惜表彰杰出人才，并乐于通过轮岗锻炼实现人力资源优化配置。领导者会亲自培养其他管理人才，他们非常重视自己育才树人的职责，并积极引进创造新的制度，进一步促进员工的成长进步。

⑦ 恪守最高标准（Insist on the Highest Standards）。

领导者应该恪守高标准、严要求。对许多人而言，这些标准似乎过于苛刻、遥不可及。但是，领导者应坚持原则，逐步提高标准要求，激励自己团队积极作为，不断提供优质产品、服务和流程。领导者绝不会随意降低标准，允许未解决的问题持续存在。在出现情况时，他们会积极寻求彻底解决问题的方法，并采取有效措施避免重蹈覆辙。

⑧ 培养战略思维（Think Big）。

狭隘的格局和视野无法带来大的发展和成功。领导者应培养战略思维，大胆提出并阐明战略方针和发展方向，由此取得优异的成果。领导者应勇立潮头、敢于创新，善于从全新的视角出发思考问题，并积极探索各种道路，真正实现为客户服务的宗旨。

⑨ 崇尚行动第一（Bias for Action）。

在商业领域，速度的影响至关重要。由于许多决策和行动都可以进行调整和完善，因此无须进行过度的研究论证。亚马逊提倡在充分考量的基础上，适度保持冒险精神，锐意进取、勇于开拓。

⑩ **厉行勤俭节约（Frugality）。**

亚马逊倡导以最小投入实现最大产出的理念。勤俭节约的精神是孕育创新、自信自立、发明创造的源泉。在实际工作中，人力投入、预算以及固定支出越多并不意味着创造的价值就越大。

⑪ **真诚赢得信任（Earn Trust）。**

领导者应善于倾听，乐于沟通，坦诚待人。他们襟怀坦荡，不畏尴尬，从不护短，敢于自我批评，勇于承认错误，绝不会为自己或团队粉饰缺点。领导者总是不断挑战自己，时刻以行业龙头为标杆，向着更高的目标发起冲击。

⑫ **勇于刨根问底（Dive Deep）。**

领导者应深入业务一线，关注各项工作，随时掌控细节，经常跟踪问效。当指标与个别情况不一致时，领导者应发挥怀疑精神，果断提出疑问。好的领导者不应忽视任何工作细节。

⑬ **敢于坚持立场（Have Backbone; Disagree and Commit）。**

作为领导者，当自己对提案无法苟同时，应坚持原则，不卑不亢地表明自己的立场。即使这样做会令人心烦意乱，精疲力竭，领导者也不能放弃斗争。领导者要信念坚定，矢志不渝。他们不会为了保持一团和气而妥协退让。一旦做出决定，领导者就会全力以赴，向着实现目标的方向积极落实。

⑭聚焦成果转化（Deliver Results）。

领导者应聚焦业务领域的关键问题，在确保质量的前提下，紧抓成果转化，迅速推动落地。纵使遭遇挫折困难，领导者也要坚定信念，一往无前，决不妥协认输。

【参考资料5】
亚马逊日本分公司发展大事记（发展年表）

2000	在千叶县市川市成立物流中心 开设日文网站Amazon.co.jp
2001	在北海道札幌市成立客户服务中心 贾斯珀·张（Jasper Cheung）就任亚马逊日本分公司总裁 上线"亚马逊合作者计划"（Amazon Associates Program） 同时上线"音乐"和"DVD"商店 上线"软件"和"TV游戏"商店 正式启用货到付款的支付方式
2002	引进"亚马逊市场"（Amazon Marketplace）
2003	上线"电子元件"商店 上线"家庭和厨房"商店 上线"Amazon web"服务
2004	在书店（Book Store）中上线"杂志"角 上线"玩具和爱好"商店
2005	在书店中上线"部分书籍检索"服务 在千叶县市川市成立新的物流中心——亚马逊市川运营中心 上线"运动"商店
2006	开始支持24小时便利店、ATM机、网上银行支付 上线"亚马逊易托销售服务（亚马逊卖家在线委托销售服务）" 上线"健康和美容"商店 开始在24小时便利店销售亚马逊购物卡 开始提供"特快转件"服务
2007	上线"亚马逊积分"服务 上线"钟表"商店 将"运动"商店改名为"运动和户外"商店 上线"日本亚马逊批发商"（merchant@amazon.co.jp） 上线"母婴"商店 上线"Amazon Prime" 在千叶县八千代市成立新的物流中心——亚马逊八千代运营中心 上线"服装和鞋靴"商店

参考资料

2008	上线亚马逊物流服务 上线"化妆品"商店 上线"便利店提货"服务 上线"食品和饮料"商店 上线经营鞋靴和箱包的网站Javar.jp
2009	上线"珠宝"商店 上线"文具和办公用品"商店 开始在24小时便利店销售亚马逊礼券 在Javari.jp网站中上线"儿童和婴儿用品商店" 在Javari.jp网站中上线"设计师商店" 上线"DIY和工具"商店 在大阪府堺市成立新的物流中心——亚马逊堺运营中心 开始提供"当日达快件"服务 上线"汽车和摩托车用品"商店 开始引入亚马逊简易包装 开始提供亚马逊倍思产品 上线亚马逊物流多渠道配送服务
2010	上线"乐器"商店 上线"亚马逊买家评论计划" 开始提供"亚马逊集市网络"（Amazon Marketplace Web）服务 在埼玉县川越市成立新的物流中心——亚马逊川越运营中心 开始提供"指定收货时间快件"服务 开始提供"作家页面" 开始提供"亚马逊定期配送优惠快件"服务 上线"宠物用品"商店 上线"免费配送"服务 在大阪府大东市成立新的物流中心——亚马逊大东运营中心 上线未经数字版权保护（DRM Free）的音乐下载服务"亚马逊MP3下载"（Amazon MP3 Download） 上线"日本"商店
2011	上线"计算机软件下载"商店 成立新的物流中心——亚马逊狭山运营中心和亚马逊川岛运营中心
2012	在宫城县仙台市成立亚马逊客户服务中心 将亚马逊日本总部搬迁至东京都目黑区目黑 在佐贺县鸟栖市成立新物流中心——亚马逊鸟栖运营中心 上线电子书服务"Kindle商店" 开始提供"亚马逊云播放器"（Amazon Cloud Player）服务 在岐阜县多治见市成立新的物流中心——亚马逊多治见运营中心

215

2013	在神奈川县小田原市成立新的物流中心——亚马逊小田原运营中心 在大阪府大阪市北区中之岛成立大阪分公司 上线"金读用户图书馆"（Kindle Owner Library） 上线影像提供服务"亚马逊即时视频"（Amazon Instant Video）
2014	上线面向法人的融资服务"亚马逊借贷"（Amazon Lending） Amazon.co.jp成立"Amazon FB Japan"，开始经营酒类商品 关停时装销售网站Javari.jp 开始在罗森（Lawson）专卖店下单订购Amazon.co.jp商品，然后就近配送的服务
2015	开始提供面向Windows（视窗操作系统）的电子书阅览软件"个人计算机金读程序"（Kindle for PC） 开始提供面向Mac（苹果操作系统）的电子书阅览软件"苹果计算机金读程序"（Kindle for Mac） 开始提供账户支付功能配套服务"亚马逊登录&支付"（Amazon Login&Payment） 上线"亚马逊购书"服务 上线"优享视频"（Prime Video） 在东京都大田区成立新的物流中心——亚马逊大田运营中心 上线"两小时送达"（Prime Now）服务，确保订单在消费者下单1~2小时内送达
2016	关停常规免费配送服务 合并亚马逊日本分公司和亚马逊日本分公司物流公司，从股份制公司转型为有限责任公司 开始提供电子书会员包月服务"金读无限"（Kindle Unlimited） 在神奈川县川崎市成立新的物流中心——亚马逊川崎运营中心 在兵库县西宫市成立新的物流中心——亚马逊西宫运营中心 上线"亚马逊一键下单按钮"（Amazon Dash Button）服务
2017	在大阪府藤井寺市成立新的物流中心——亚马逊藤井寺运营中心 在日本上线支援发明创造的"亚马逊发明家"（Amazon launch pad） 上线面向亚马逊优享会员的"Prime Now"药店以及健康美容、蔬菜和日式糕点等百货商店，共计11000家商户 在东京部分地区开始提供"亚马逊生鲜"（Amazon Flash）服务 在日本开始发售"亚马逊智能音箱"（Amazon Echo）
2018	上线面向亚马逊优享会员的新服务"优享衣橱"（Prime Wardrob） 在面向企业法人和私营业主的专用采购网站"亚马逊商务"（Amazon Business）上，开始提供付费会员服务"商务优享"（Business Prime） 成立新的物流站点——亚马逊茨木运营中心 在位于品川海边的亚马逊时尚（Amazon Fashion）部门，开设世界上规模最大的摄影工作室